ポップカルチャーからみた日本

大手前大学比較文化研究叢書20

ポップカルチャーからみた日本

石毛弓 編

水声社

まえがき

大手前大学交流文化研究所では、年に一度シンポジウムを開催している。テーマは「文化と交流」を軸とし、最近のものでは「珈琲で語り合う人・文化・地域の交流（二〇二二年度）」、「コンテンツツーリズムと文化遺産（二〇二一年度）」、「コロナ禍と体験型イベント（二〇二〇年度）」、「占領期の都市空間を考える（二〇一九年度）」など、シンポジウムを主催する研究員の専門によりその内容は多岐にわたる。二〇二三年度のシンポジウムのテーマは「ポップカルチャーからみた日本」であり、本書はその内容を基に再構成したものである。さてこの序文では、タイトルにも使われているポップカルチャー、あるいはポピュラーカルチャーという語に属するコンテンツについて考えたい。

ポピュラーという英単語は、人気がある、よく知られている、大衆の、一般のなどの訳語があてられる。したがって「ポピュラー」カルチャーの対象として想定されているのは、特定少数の特権的な人間ではなく、ある社会に属する大多数の人びと、ありふれた人間だということになる。だからポピュラー「カルチャー」は、そういった人びとが日常的に享受していたり、享受することができるカルチャーだといえるだろう。それは「権威を伴わないかたちで社会の中で共有され」、「メディアが強い力を持った現代社会特有の」、「一部の人ではない『みんな』の中にある文化を」、「否定的ではないかたちでとらえようとするための言葉」[1]なのである。

では、みんなの中にある文化とは、どういったものなのか。外務省は世界に向けた日本の魅力のひとつとして、ポピュラーカルチャーを通じた情報発信を推進している。この施策では、ポップカルチャーとは大衆向けの文化全般のことを表すが、「訴求力が高く、等身大の現代日本を伝えるもの」という意味でも使われている。具体的には、漫画、アニメ、映画、ゲーム、ライトノベル、ポピュラー音楽、テレビなどを指すとされている。この文言では、人びとに受け入れられているいくつかのジャンルがポピュラーカルチャーの例として示されている。さて、ここでひとつの疑問が生じる。それは、外務省が挙げたジャンル群は、従来の意味合いでいえばサブカルチャーに属するのではないかという問いだ。

アニメやマンガがポピュラーカルチャーなのかサブカルチャーなのかを論じるまえに、両者に共通する「カルチャー」について考えてみよう。これは複雑で多様な概念だが、単語としてはもともとは作物を栽培したり動物の世話をすることを指しており、それがやがて人間についてもその精神を訓練したり涵養するという意味で使われるようになった。そしてさらに人間のさまざまな活動と結びつけられ、たとえば芸術のようにその精神活動を表現する枠を示すものとして理解されるようになっていった。十九世紀末のイギリスの詩人で批評家のマシュー・アーノルドが宣言したように、カルチャーは「世界で考えられ語られてきたなかで最高のものである」[2]ととらえられるようになったのだ。つまり、カルチャーが芸術など人間による創造と関係するかたちで語られるようになったのは、ごく最近のことなのである。またイギリスの教育者で批評家のレイモンド・ウィリアムズは、「カルチャー」の現代的な理解には、「理想的（ある絶対的もしくは普遍的価値に基づく人間の完成した状態、もしくはそれにいたる過程）」たとえば文化という概念そのもの、「記録的（知的で想像力豊かな業績）」たとえば文化的な作品、「社会的（人間の特定の生活様式）」たとえば文化人類学的な視点という三つの概念が含まれているとした。[3]さてマシュー・アーノルドが考えるような、または「理想的」とされるようなカルチャーは、エリート集団に属する、いわゆるハイカルチャーという概念で表されるものになるだろう。もとは王侯貴族や富裕層、権力者など社会の上流階級によって支持され、享受するために高い教養や知識が必要とされる、完成度が高いとされるカルチャーだ。古典にカテゴライズされるような芸術や音楽、文芸、演劇などがこれにあてはまる。

ハイカルチャーに対応するものとして、メインカルチャーという概念がある。これは、その社会や集団が主流として支持しており、身につけているべきと考えられる、享受するためにかならずしも大変高い教養が必要ではないカルチャーを意味している。その社会の中心となり普遍的に知られているような美術や芸術、音楽、文学、演劇、さらには映画やテレビ番組などのコンテンツもこれに含まれる。ポピュラーカルチャーとの区別でいえば、メインカルチャーとかさなる部分はありつつも、そのなかでより一般向けを意識して発信され親しまれているものがポピュラーカルチャーであると、ここではみなしたい。

さてメインとは主要、中心的なという意味であり、これに対して補助や副を表す英語の接頭辞はサブである。ではサブカルチャーとはどのようなものかといえば、社会の主流と対比すると少数派に好まれ、メインカルチャーとは異なる価値観などをもつコミュニティによって支持される、あるいはメインカルチャーを批判するかたちで生まれることがあるカルチャーということができるだろう。ここには、ハイカルチャーやメインカルチャーに含まれず、その周縁に追いやられるようなマイノリティの音楽や映画、演劇、小説、ファッションなどがカテゴライズされる。そしてマンガやアニメは、一般的にはサブカルチャーに属するものだとみなされてきた。たとえば一九五五年に日本で起きた「悪書追放運動」では、とくに青少年にとって有害であるとみなされたコンテンツが攻撃されたが、世間から「悪い」とされたマンガ作品もその対象となった。悪書とされたマンガ作品は、母の会連合のメンバーによって回収されコマ切れにされたのである（一五四頁）。あるいは、マンガやアニメは子どものであり、それに耽溺するおとなは異常であるという風潮もある。こういった動きを、その社会でメインとなる集団が認めないカルチャーあるいはその愛好家集団を排斥しようとする動きだととらえた場合、マンガやアニメはメインカルチャーには分類されない。するとこれらはサブカルチャーなのかといえば、とくに現代においてはそう断定できるほど話は単純ではない。

いまの日本で、マンガやアニメが特定のマニアックなコミュニティにのみ消費されているということはできないだろう。二〇二二年の日本の出版物の売り上げは、「電子コミック（二七・五パーセント）」と「紙コミックス（九・一パーセント）」で合計三六・六パーセントになる。それ以外の書籍が「電子書籍（二・七パーセント）」と「紙書籍（三九・八パーセント）」の合計四二・五パーセントであることをみると、マンガというジャンルが単独でそれ以外のジャンルの総数と比べられるほど圧倒的なシェアを占めているのがわかる。ちなみに他は、「電子雑誌（〇・五パーセント）」、「紙雑誌（二〇・三パーセント）」となっている。[4] またアニメの場合、国民的アニメと呼ばれ、多くの人間が少なくともタイトルや主要キャラクターの外見程度は知っている作品が存在する（たとえば『サザエさん』、『ドラえもん』、『それいけ！　アンパンマン』）。もしスタジオジブリのアニメが公開されれば、老若男女問わず映画館に足を運ぶ人は多いだろう。こういった傾向をみると、マンガやアニメは、もはやごく一部の特殊な人間のみが興じる娯楽とはいえないことがわかる。

少なくともいまの日本社会では、マンガやアニメが多くの人に親しまれていないとはいえない。しかし、いわゆる深夜アニメと呼ばれる作品群の存在など、メインカルチャーとはとらえにくい部分があることもたしかである。こういった状況を鑑みて、本書ではマンガやアニメがサブカルチャーか否かという問いは、ジャンルではなく作品に関わる問題であると考えたい。そもそもあるジャンルや作品、事象がカルチャーとみなされるか否か、あるいはどのようなタイプのカルチャーに分類されるのかは、時代や地域、具体的なコンテンツなどによって異なりもすれば変化もする。あるコンテンツが、誕生した当初はサブカルチャー、もしくは支配的文化への抵抗というかたちで生まれるカウンターカルチャーだととらえられていたが、歳月を経るにしたがって権威づけされハイカルチャーとみなされるようになることもある。歌舞伎の歴史はその好例だろう。こういったことを踏まえると、マンガやアニメは最初はサブカルチャーとされていたが、いまやジャンルとしてみた場合はポピュラーカルチャーに属しているととらえることもできるのである。そして少なくとも本書はこの立場をとっている。

このシンポジウムでは、以上に述べたようなかたちでポピュラーカルチャーを幅広くとらえたうえで、世界に向けて求心力があるとされるジャンルを選び、その「海外への伝搬や影響力」もしくは「海外から日本への伝搬や影響力」について探ることを目的とした。さらに、ひとつの専門分野にしぼってせまく深く探求するよりも、登壇者それぞれの異なる研究テーマを紹介することで、専門性の枠を超えた知の幅広い交流が生じることをめざした。したがって、発表された内容はマンガやアニメ、コンテンツツーリズム、テレビドラマなど多岐にわたる。これらのトピックは、一般の人びとにとってもなじみのあるものだろう。しかし、それだけに自分の周辺のみの情報で満足してしまってはいないだろうか。人間は己にみえる範囲がそのジャンルの中心であると思いこみがちだが、日本の内側にだけ目を向けていてはみえてこないものがある。とはいえ、きっかけがなければ外向きの視点をもつことは安易ではない。こういった問題意識から、このシンポジウム引いては本書が読者にとって、既知のフレームワークから一歩退いて俯瞰してみる、つまり日本のポピュラーカルチャーがおかれた状況を客観的にとらえるためのヒントになればと願っている。日本の多彩で楽しい「みんなの中にある」文化を、本書の頁をめくることで少しでも味わっていただければ幸いである。

大手前大学交流文化研究所所長
石毛弓

注

(1) 片上平二郎『「ポピュラーカルチャー論」講義——時代意識の社会学』、晃洋書房、二〇一七年。
(2) Arnold, Matthew. "Culture and anarchy," Tokyo : Kenkyusha. 1951, p. 6.

（3） Williams, Raymond. 'The Analysis of Culture.' in "The Long Revolution," London: Penguin. 1965, p. 57.

（4） 出版科学研究所「日本の出版販売額」二〇二三年、最終閲覧日二〇二四年六月七日、https://shuppankagaku.com/statistics/japan/。

目次

「推し」の集合知が形成するコンテンツツーリズムの現在

谷村要

1　はじめに

筆者は、アニメファンの文化実践に強い関心を持ち、その活動に関する研究をこれまで進めてきた[1]。ここでいうファンの文化実践とは、ポップカルチャー・ファンの、自らが応援する対象（作品、アイドルなどのコンテンツ）へのいわゆる「推し活（推し活動）」全般を指す。ご存じのように、ファンはさまざまな自分の「推し」のための「推し活」を展開する。たとえば、アニメ・ドラマ・音楽などの好きなコンテンツの受容や関連商品の購入、「推し」であるアイドルのライブや映画館での応援上映への参加、コスプレや同人誌などのような「推し」に関連する創作活動、ソーシャルメディアにおける「推し」語りなど、ファンが自身の能力・金銭・時間を費やして「推し」のために尽くす活動は枚挙に暇がない。このようなファンの文化実践を対象とする研究領域がファン研究（ファン文化研究）である。

このファン研究の領域では二〇〇〇年代後半以降にさまざまな成果が積極的に発表されるようになっており、[2]二〇二四年十二月現在、日本の社会学領域においてもっともホットな研究分野の一つと呼んでも差し支えないかもしれない。本稿ではそのファン研究の隆盛の背景にあるメディア環境の変容とファンの文化実践の影響力の拡大についてまず解説したうえで、コンテンツツーリズム（「聖地巡礼」／「舞台探訪[3]」）がどのように成立してきたか、その過程を概説する。そのうえでコンテンツツーリズムに伴う多様な文化実践によって形成されるコンテンツに関連づけられる構成要素の集合知の存在を指摘し、その集合知がコンテンツツーリズムに及ぼす影響を論じる。コンテンツツーリズムは、ポップカルチャーの前面化が進んだ日本の一側面を表す典型的事例といえるものであるが、その現象がどのようなメカニズムのもとで成立しているかを本稿で描き出したい。

2　ファンの文化実践の影響力が強まる背景

ファンの文化実践を研究対象とすることに、どんな意味があるのか。

この「問い」は、ファン文化を対象とした研究を試みる者にとって必ず直面する大いなる「問い」の一つである。筆者自身もアニメファンの活動を研究しようとした大学院生時代に同様の「問い」を指導教員から投げかけられた記憶があるが、このような「問い」が発せられる背景には、ファンの文化実践を「ただの消費活動に過ぎない」とみなす考えがある。この「ファン＝消費者」とみなす「問い」をどう乗り越えるかは、ファン研究を進めるうえで大きなハードルの一つである。勉強不足であった大学院生時代の筆者はこの「問い」にどう対応すべきか、頭を悩ませてきたが、ファン研究の知見からはこの「問い」に対し以下のように回答することができよう。

ファンたちは文化実践への参加を通じて、さまざまな学びを得ている。たとえば、「推し」に関する商品の購買やコンテンツの受容や応援活動、創作活動を通じて「推し」に関する文脈（context）への理解を深める。そして、その文脈の理解は作品に対する独自の解釈を生み出す源泉となる。さらに、ファンはファン同士で形成するコミュニティ（ファンダム）内の交流において、その解釈を他者に伝える機会を持つ。ファンはその交流を通じて、さらに解釈を洗練してゆく機会を得る――ファン研究が注目するのは、このようにファンの文化実践がファン同士の交流を内包している点である。ファンはその文化実践を通じて「推し」となる対象を消費するだけでなく、「推し」を媒介とした社会的相互行為を展開し「推し」に関する文脈の理解をさらに深めてゆくのである。この点に注目することで、ファンの活動を研究することは、特定のコンテンツの受容や消費にとどまらない、幅広い文化実践を対象とすることになる。ファンの文化実践に内包される多様な社会的相互行為に着目し、その実践の周囲に与える影響の可能性の追及こそが、ファンの文化実践を研究対象とする意味といえる。

本稿で扱うファンの文化実践とコンテンツツーリズムを接続させる視点も、このファン研究の視点の延長線上にあるものであるが、とはいえ、もともとファン研究の対象はファン同士の交流の中での相互行為という限られた範囲を対象としていた。しかし、近年ファン研究が活発化しているのは、そのファンの文化実践が影響を及ぼす領域が拡大していることと関係している。

このことを理解するために、ファン研究の発展において重要な貢献を果たしてきたヘンリー・ジェンキンスの「コンヴァージェンス・カルチャー」の議論を紹介したい。ジェンキンスは、ファンダムの中心的特徴を「個人的反応（personal reaction）」を「社会的相互行為（social interaction）」へと、「視聴者文化（spectator culture）」を「参加型文化（participatory culture）」へと変換する能力として捉える[4]など、一九八〇年代よりファン研究の基本となる能動的なファン像を提示した人物の一人として知られるが、彼はさらに「メディア・コンヴァージェンス（media convergence）」と呼ばれる二十一世紀以降のメディア環境の変容に伴って引き起こされつつある「文化的転換」を二〇〇〇年代半ばに出版した著書『コンヴァージェンス・カルチャー[5]』において示している。

二十一世紀以降のメディア環境の変容を示す「メディア・コンヴァージェンス」という用語は、次のような状況を指す。

近代に入り、さまざまな情報メディアが私たちの社会に普及してきた。その結果、オフセット印刷物、レコード・カセットテープ・CD、写真、映画、ラジオ、テレビ、アマチュア無線……近代以降に普及したメディアにわれわれは囲まれることになった。そして、それらのメディアを介して、われわれはメディア上で表現される情報に触れる。印刷物を介して文字情報あるいは画像情報を、レコード・カセットテープ・CDあるいはラジオを介して音楽・音声情報を、映画あるいはテレビを介して映像情報を……というように。しかし、コンピュータやインターネットの情報通信技術の革新の結果、これらさまざまな種類のメディア形式の情報を一つのデジタル情報端末（デジタルデバイス）で扱うことが可能になった。一つの情報メディアに複数の既存メディアの機能が収れん（コンヴァージェンス）する状況が生まれたのである。

ジェンキンスは、この技術的変容を示す「メディア・コンヴァージェンス」という用語に含まれる「コンヴァージェンス」を、以下の三つの要素を含むものとして捉えなおした。

①多数のメディア・プラットフォームにわたってコンテンツが流通すること

②多数のメディア業界が協力すること
③オーディエンスが自分の求めるエンターテインメント体験を求めてほとんどどこにでも渡り歩くこと(6)

この三点について補足説明を加えると、①の「多数のメディア・プラットフォームにわたってコンテンツが流通すること」は、メディア・コンヴァージェンスによってもたらされる技術的変容を指している。具体的な例としては、英語圏における「トランスメディア・ストーリーテリング」(transmedia storytelling)や、日本において一九九〇年代より展開されてきた「メディアミックス」がその実例として挙げられよう。いずれも複数のメディア・プラットフォームで物語(作品)を展開する手法を指す用語である。たとえば、人気マンガの物語世界(世界観)を活用して、アニメや小説、ビデオゲームなどへの翻案(adaptation)がなされてゆくことがそれにあたる。

②の「多数のメディア業界が協力すること」は、メディア・コンヴァージェンスがもたらす産業界での変容を指す。たとえば、かつてであれば連携しなかったメディア企業同士の協業さらには統合が二十一世紀に入って進められていることがその実例として挙げられる。たとえば、二十一世紀に入って見られるようになった、アニメや映画などの映像作品製作における「製作委員会方式」はその一つである。この方式は作品の製作費を複数の企業が出資し、その作品の権利を出資企業が共同保有して

収益の分配を受ける形をとる方式である。製作委員会方式がとられる背景にはコンテンツ業界が「多産多死、ハイリスクハイリターン」[7]ゆえにリスクヘッジの観点からこの方式がとられている側面が強い一方で、映像作品がテレビ放送・劇場等での上映・動画配信・ビデオグラム化・商品化・ゲーム化・興業化（作品の構成要素を活用したイベント開催の権利）・海外販売など、さまざまな形で二次利用できる点も大きい。それらを取扱業務とする企業が作品に出資することで二次利用の権利を得ている部分もあるからである（また、第三者の二次利用者と製作委員会の窓口役を担うことで得られる窓口手数料を得られることもある）。この製作委員会方式のように、多様なメディア・プラットフォームでコンテンツが流通可能になっているために、さまざまなメディア企業間で連携が促進されるのである。さらには、ＫＡＤＯＫＡＷＡ（角川書店）のようにもともと出版社であった企業がメディアミックスを展開する中で、さまざまなメディア企業を傘下に収めメディア複合企業化（メディア・コングロマリット化）を遂げてゆく状況も見られる[8]。ＮＴＴ西日本の子会社であるＮＴＴソルマーレがＷＥＢコミックサイト「コミックシーモア」[9]を運営するように、電気通信事業会社が出版社と提携してコミック配信事業に乗り出している状況もある。メディア・コンヴァージェンスの進展は、企業の動向も大きく変えてゆくのである。

　そして、③の「オーディエンスが自分の求めるエンターテインメント体験を求めてほとんどどこにでも渡り歩くこと」は、われわれにとってすでに日常的なものとなっている。われわれは、読みたい記事・みたい映像・ききたい音楽・遊びたいゲームなどにPC・スマートフォンなどのデジタルデバイスを通じてすぐにたどり着くことができる。かつてであれば、雑誌で評判のアニメやドラマをテレビでいざ視聴しようとしても、その放送時間を待たなければならなかったし、放送が終了した映像作品や発売中のビデオゲームなどを手に入れようとするには、販売店やレンタルビデオ店などに足を運ばなければいけなかった。しかし、今やわれわれはウェブ上の記事などを通じて知ったアニメやゲームなどへ、一つのデバイス上で、即座に、シームレスにつながることができる。そして、ときにそれは「国境」などの境界すらも軽々と飛び越えてゆく。

このように「コンヴァージェンス」とは、技術の変化、産業の変化、文化の変化、さらには社会の変化を巧みに記述する用語[10]であるとジェンキンスは述べる。「技術的なプロセス」だけでなく、メディアから情報を受容する消費者側が「新しい情報を求めて、散らばっているメディアコンテンツを結びつけるように」仕向けられる「文化的転換[11]」を示す用語として、ジェンキンスは「コンヴァージェンス」を捉えなおしたのである。

一方で、この「文化的転換」は、情報の「送り手」とされてきたメディアの制作者（producer）側と情報の「受け手」とされてきた消費者（consumer）側の関係性も変えてゆく。デジタルデバイスを介してアクセスできるサイバースペース上では、両者はもはや「別々の役割を果たしているもの」でなく「参加者としてお互いに交流しているとみなしてよい[12]」状況が生まれているからである。情報の「受け手」である消費者側は、情報をただ消費するだけでなく、今や情報に対する自らの解釈をSNSなどのサイバースペースに投稿することが日常的となっている。その消費者の投稿は、同じ情報に関心を持つネットコミュニティで流通し、ときに大きく話題になることがある。その盛り上がりは、SNSの「トレンド」や「ネットの反応」としてキュレーションサイト（まとめサイト）などで可視化・拡散され、多くの人びとに影響を与えてゆく。さらに、それは情報の「送り手」である制作者の目にも入るようにもなり、制作者側にも影響を与えうる。

　このように、従来においてメディア制作者とメディア消費者と呼ばれていた両者が、ともにメディア参加者といえるような「参加型文化」の状況もまたメディア・コンヴァージェンスの進展に伴い成立することになる。しかし、この参加者それぞれは決して平等な存在でないことには注意が必要である。たとえば、消費者側が推したいコンテンツを提供する制作者側は消費者側よりも当然大きな影響力を発揮しうるし、消費者側においても新しい文化に参加する能力が高い者とそうでない者との間に格差が生じてゆくからである。

　また、このメディア参加の過程で、消費者側と制作者側は、他者との社会的交流を経験することになる。この交流を通じて「集合的知性」または「集合知」（collective intelligence）と呼ばれる参加者間の共有知がサイバースペース上で形成され、その資源をメディア参加者たちは活用するようになる。かつては対面のファンダムで形成されていた解釈がより多様な参加者が介在することになって集合知となり、より社会的影響力を強めてゆく状況がこの結果つくりだされている。後述するコンテンツツーリズム現象においても、この「集合知」の存在が多様な聖地を維持する源泉となっている様子をみることができる。

　これらメディア・コンヴァージェンスに伴ってつくりだされた文化状況――多様な「コンヴァージェンス」の進展、「参加型文化」の成立、「集合知」の形成と活用が前面化する文化状況をジェンキンスは「コンヴァージェンス・カルチャー（収れんする文化）」と捉える。様々な情報メディアの形態が一つのデジタルデバイスへと収れんする技術的変容が、制作者と消費者とが収れんしてゆく文化的変容を形づくり[13]、さらにはサイバースペース上の多様な参加者たちの解釈が収れんした「集合知」をつくりだすのである。

　そして、「コンヴァージェンス・カルチャー」の進展は、情報の「受け手」であるファンの影響力を強めることになる。今やファンの文化実践は、ファンダムの範囲を越え、多様な領域において影響力を発揮するに至っている。この背景のもとで日本では二〇〇〇年代後半以降に多様なファン研究が進められるようになっているが、本稿もそれに連なる議論を「コンテンツツーリズム」を対象として展開してゆくことになる。

次節では、本稿が扱うコンテンツツーリズム＝「聖地巡礼」と呼ばれる現象がどのように成立し、ファンの文化実践を示す用語として定着していったのか。その過程を記述していきたい。

3　ファンの文化実践としての「聖地巡礼」の確立

アニメの舞台となった場所をファンが訪れる「聖地巡礼」——今や「アニメツーリズム」とも呼ばれるこの現象の「起源」については、自身も二〇〇〇年代よりファンの一人としてオンライン上で作品の舞台に関する情報を活発に発信してきた大石玄がすでに論じている。[14]大石によると、虚構の作品世界に現実世界の景観が導入される状況は一九七四年放送のテレビアニメ『アルプスの少女ハイジ』を嚆矢として、一九七〇年代から八〇年代にかけて徐々に進んでいき、一九九〇年代にはアニメ作品の影響で「相当な数のファン」が現地を訪れる現象も見られるようになっていった。たとえば、一九九一年にOVA（オリジナル・ビデオ・アニメーション[15]）として発売された『究極超人あ〜る』では、作品のクライマックスで登場するJR飯田線沿線の各駅を訪問し作中の登場人物たちの行動を模倣していたファンの存在が指摘されており、[16]二〇一八年には作品のファン有志によって「アニメ聖地巡礼発祥の地」の記念碑が田切駅前に設置されるまでに至っている。このことを考えれば一九九〇年代初頭が「聖地巡礼」の始まりと捉えることもできるが、大石は長野県大町市を舞台とした、二〇〇二年放送のテレビアニメ『おねがい☆ティーチャー』が現在につながる「聖地巡礼」の様式を確立させた作品と指摘し、この二〇〇二年を「アニメ舞台探訪（聖地巡礼）」の「紀元」として位置付ける。インターネットのブロードバンド化が進むことにより、文字情報以外にも画像情報や音声情報などがネット上で広く流通するようになったのがこの時期であり、作品内の場面と現実世界の写真の比較記事の作成などが容易になった。また、ニュースサイトやまとめサイトを通じて情報が拡散しやすい環境も徐々に整えられつつあった。一方で、同時期にはアニメ制作の現場においてセル画中心のアナログ作画からデジタル作画への転換が進み、アニメで描かれる情報量も格段に増すことになる。これらの要因が重なることによって、「聖地巡礼」に関する情報が活発に流通するようになった状況が『おねがい☆ティーチャー』以降につくられたことを、大石は二〇〇二〜三年の大手ニュースサイト『カトゆー家断絶』での「聖地巡礼（舞台探訪）」情報の取り扱いの増加から描き出している。

ここで注意しておきたいのは、「聖地巡礼」現象はメディア環境やアニメ制作の変容に伴い自然発生的に形成されたものであるという点である。「メディア・コンヴァージェンス」が二十一世紀以降に進展したことに伴い、サイバースペースでのファンの文化実践の範囲が拡張され、大石が述べるように、作品の物語世界と現実空間を参照しあう文化が成立した。その結果、「聖地巡礼」という行動がアニメファンたちの間で広がるようになったのである。

一方で、このようにファンの間で「聖地巡礼」行動が見られつつあるようになった同時期（二〇〇五年）に「コンテンツツーリズム」という用語が、国土交通省総合政策局観光地域振興課・経済産業省商務情報政策局文化情報関連産業課・文化庁文化部芸術文化課が共同で発表した報告書（『映像等コンテンツの制作・活用による地域振興のあり方に関する調査報告書』）において登場する。報告書では「集客要素としてのコンテンツの活用は、現実の世界を対象とした映画・ドラマにとどまらず、まんが・アニメ・ゲームも含めて拡大」していることを踏まえたうえで、「コンテンツツーリズム」を「地域に関わるコンテンツ（映画、テレビドラマ、小説、まんが、ゲームなど）を活用して、観光と関連産業の振興を図ることを意図したツーリズム」と定義する。そして、その「根幹」は「地域に『コンテンツを通して醸成された地域固有の雰囲気・イメージ』としての『物語性』『テーマ性』を付加し、その物語性を観光資源として活用すること」にあるとしている。[17] 二〇〇三年一月に当時の小泉純一郎首相が観光立国をめざす構想を施政方針演説で発表した後、国内旅行消費額や訪日外国人旅行者数の増加を目論んだ取り組みがなされてゆくことになるが、[18] その過程の中で登場したのがこの用語である。その背景には、当時の「ソフトパワー」として、日本のポップカルチャー・コンテンツの活用が議論されていたことも大きかっただろう。[19]

このように政策用語として打ち出された「コンテンツツーリズム」の一種として、「聖地巡礼」はやがて捉えられるようになってゆくが、その認識が強まったのは二〇〇七年四月〜九月にかけて放送されたテレビアニメ『らき☆すた』を契機に埼玉県北部の郊外都市に多くのアニメファンが訪れ、それを活用した地域活性化事業が「成功例」として知られるようになってからである。特に鷲宮町（二〇一〇年三月に久喜市と合併し、現在は久喜市鷲宮）では、鷲宮町商工会が中心となって地域住民らとファンそしてコンテンツ権利者が連携した活動の結果、多くのファンが押し寄せることになった。その状況は鷲宮町で現地調査を進めていた北海道大学観光学高等研究センターの研究者らによって報告され[20]、「聖地巡礼」現象は新しい観光の形として、「コンテンツツーリズム」と「聖地巡礼」現象は結びつけられてゆくようになる。

以降、先述したデジタル化に伴うテレビアニメのクオリティアップ（情報量の増大）もあり、複数の地域を作中で精細に描いたアニメ作品が登場し、その放送を契機としてその舞台とされる場所に数多くのファンが訪れる状況がつくられるようになってゆく[21]。

このような状況の中、二〇一二年三月に政府が閣議決定した『観光立国推進基本計画』（第二次計画）では、「新たな観光旅行」の代表的な例として「ファッション・食・映画・アニメ・山林・花等を観光資源としたニューツーリズム」が挙げられており[22]、アニメは有力な観光コンテンツとして取り上げられることとなる。さらに、二〇一六年九月には「コンテンツのアウトバウンドを、人のインバウンドにつなげる」[23]ことを目的として一般社団法人アニメツーリズム協会が設立される。同協会では『訪れてみたい日本のアニメ聖地88』を選定、オフィシャル化すること」を通じた国内外への情報発信と、「地域や企業、権利者、アニメファンの橋渡しとなってアニメ作品の世界観やキャラクターを公式に活用した商品、サービス、イベントの創出を促進」する活動が進められている[24]。また、二〇一六年十二月に発表されたユーキャン新語・流行語大賞トップテンで「聖地巡礼」が選定され、「聖地巡礼」はアニメファンの文化実践の一形態を示す用語として確立されることになった。

以上に見るように、アニメ作品やメディア環境の変容に伴ってファンの新たな文化実践として登場してきた「聖地巡礼」(「舞台探訪」)は、メディア企業や自治体、地域の事業者など多様な主体が関与する形となり、現在に至っている。

しかし一方で、コンテンツツーリズム＝「聖地巡礼」現象は懸念すべき宿命を抱える点に注意が必要である。ポップカルチャー・コンテンツには「賞味期限」が必ず存在するからである。たとえば、テレビアニメのばあい、放送期間に形成された作品や登場キャラクターへのファンの熱狂や愛着は、作品に関連するイベントや新作が定期的に提供されていれば別であるが、放送期間から時間を経るにつれて目減りするのが一般的である。また、コンテンツ権利者側も常に新しい作品をつくり続けなければいけないため、当該作品への関与の度合いは徐々に減少せざるを得ず、結果、作品のライフサイクルは収束してゆく。このような宿命を「聖地巡礼」現象は抱えている。地域にとっては、コンテンツによって価値づけられた地域の場所性をどう持続的なものへと変換してゆくのか。それが、大きな課題である。

次節では近年のコンテンツツーリズム研究で議論されているコンテンツツーリズムの図式化を踏ま

え、その文化実践の過程で形成される「集合知」とその役割を論じる。そして、その議論を踏まえて、持続可能な「聖地巡礼」はどのような形で可能となるのかを考察したい。

4　コンテンツツーリズムのメカニズムとその過程で形成される集合知の役割

コンテンツツーリズム研究の分野では、二〇二〇年代以降、コンテンツツーリズムのメカニズムの理論化・体系化を試みる議論が進められている。たとえば、「アニメ聖地巡礼」現象の先駆的研究者である山村高淑は物理的場所のメディア性と旅行者のツーリズム実践に着目し、作品(コンテンツ)がメディア形式を横断する文化と結びつきながら「聖地」がどのように展開・拡張されてゆくかに注目した議論を展開している。[25] 山村によると、コンテンツツーリズム研究では「アニメツーリズム」という呼称に象徴されるように、現象を分析する際の焦点を「アニメ」というメディア形式に置く傾向があった。しかし、すでに本稿でも見てきたように「メディア・コンヴァージェンス」が進展した現在では、メディアミックスやトランスメディア・ストーリーテリングの手法でも見られるように、アニメ・実写ドラマ・マンガ・小説・ビデオゲームなどのメディア形式を横断してコンテンツの物語世界が展開される状況が成立している。この状況を踏まえ、メディア形式でなくコンテンツそのものに分析の焦点を当てることが山村の「コンテンツ化」に関する議論の主要な論点である。

山村は「コンテンツ」を「ポピュラーカルチャーの形で創造・編集され、それ自体を消費することで楽しさを得られる、物語、キャラクター、ロケ地、その他創造的要素といった情報内容」と定義する。[26] そして、この「コンテンツ」の「物語世界の展開・拡張プロセス」を示す用語として「コンテンツ化（contentsization）」を提唱する。

［コンテンツ化］contentsization
メディアを横断したアダプテーションとツーリズム実践を通して〈物語世界〉が絶え間なく展開・拡張していくプロセス。[27]

さらに、山村はこの定義を織り込み「コンテンツツーリズム」を以下のように再定義する。

［コンテンツツーリズム］contents tourism
コンテンツによって動機付けられた、一連のダイナミックなツーリズム実践・経験。コンテンツツーリストは〈コンテンツ化〉を通して絶えず拡張する〈物語世界〉にアクセスし、それを身体化しようと試みる。[28]

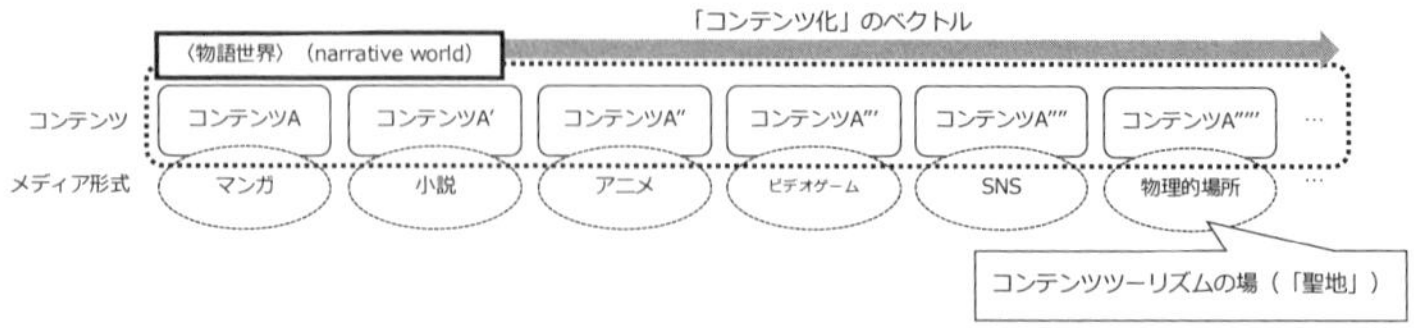

図1　「コンテンツ化」のメカニズム（山村の議論を踏まえ筆者作成）

これらの概念を用い、山村は「現状に即した形で、国際的・学際的にも汎用性の高いコンテンツツーリズム論の再構築」を試みる。この山村の議論で注目すべきポイントはメディアミックスやトランスメディア・ストーリーテリングの延長線上にあるものとして、「コンテンツ化」そして「コンテンツツーリズム」を位置付ける点だろう。メディアミックスでコンテンツの物語世界がさまざまなメディア形式で展開されるように、コンテンツツーリズムでは現実空間に存在する物理的場所へのコンテンツの物語世界の拡張・展開がなされる。すなわち、「マンガ」や「アニメ」などのメディア形式の一つとして「聖地」という物理的場所は捉えられるのである。この山村の議論を図式化すると、**図1**のように描くことができる。

　山村のこのモデルは「コンテンツツーリズム」の理論化を進めるうえでたいへん重要な指摘であるが、一方で、この山村の「コンテンツ化」に関する議論の中ではじゅうぶんに触れられていない点がある。それは、この「コンテンツ化」のダイナミズムを推進させるための資源である。

　その資源とは、異なるメディア形式のコンテンツをつなげる想像力である。たとえば、あるメディア形式で表現された作品（コンテンツA）がそのメディア形式を越境して流通するとき、異なるメディア形式の作品（コンテンツA´）を、「コンテンツAの物語世界に関連した一連のコンテンツ群」として、その受容者がとらえる必要がある。それにはどのような想像力が必要だろうか――たとえば、同じ物語世界を共有するマンガ作品とそのスピンオフ小説があったばあい、その両者が物語世界を共有するものとして受容者がとらえるためにはどのような想像力が必要となるか。多くのばあいはそのコンテンツの「送り手」（制作者）側が、両作品が物語世界を共有する一連のコンテンツ群であることを示唆する情報（たとえば、タイトルに「外伝」の文字が含まれていたり補足説明を加えたりすること）で、受容者は自然と二つの作品間の関係性を理解するだろう。このように、「送り手」（制作者）側による「オフィシャルな関連づけ」によって「コンテンツ化」はスムーズに展開されてゆくことになるが、一方で、コンテンツの「送り手」とは異なる経路で示される情報によって――たとえば、ファンコミュニティ内で流通する解釈によって――まったく結びつかないように見える二つのコンテンツを受容者側が結びつけることもある。

先に取り上げた『コンヴァージェンス・カルチャー』の中で、ジェンキンスはある事例を取り上げている。『セサミストリート』の登場キャラクターであるバートとテロリスト指導者であるウーサマ・ビン・ラディンとが一緒に写ったコラージュ写真をあるネットユーザーが制作しインターネット上にアップロードした結果、そのコラージュ写真がアラブ世界の反米デモのプラカードにプリントされ、CNNのニュース映像で映りこむことになった。結果、『セサミストリート』の制作者は怒りの声明を出す一方で、面白がったユーザーによって、ネット上では『セサミストリート』の登場キャラクターとテロリストを結びつける投稿があふれることになった[29]。このように一見すると共通性のない要素をかけあわせて新しいコンテンツと文脈を創出する例は、動画サイトやＳＮＳを見れば、大量にあふれていることが確認できる。多様なメディア参加者による解釈の流通は、コンテンツの物語世界をその外部ともたやすくつなげ、コンテンツの意味を大きく変えてゆくのである。

以上に見るように、メディア形式の異なるコンテンツを結びつける想像力の源泉は、「物語世界」の範囲すら飛び越えた、コンテンツと多様に関連づけられた構成要素の集合知によってもたらされているといえる。そして、この集合知は、コンテンツの制作者だけでなく、ファンを含むさまざまなメディア参加者による文化実践によって形づくられているのである。その文化実践は「メディア・コンヴァージェンス」の進展に伴い、多様な行為をはらむ。コンテンツの受容だけにとどまらず、自らの解釈を他者に発信し、共有し、コンテンツを編集し、新たなコンテンツを創造することが、「コンヴァージェンス・カルチャー」の時代を生きるわれわれには可能である。このような多様な文化実践によって、コンテンツと関連づけられる構成要素の集合知は更新され続け、コンテンツとわれわれの関係を変えてゆく。

このことを踏まえると、**図1**の図式を発展させ、以下のような「コンテンツ化」が推進されてゆく過程を描くことができる（**図2**）。

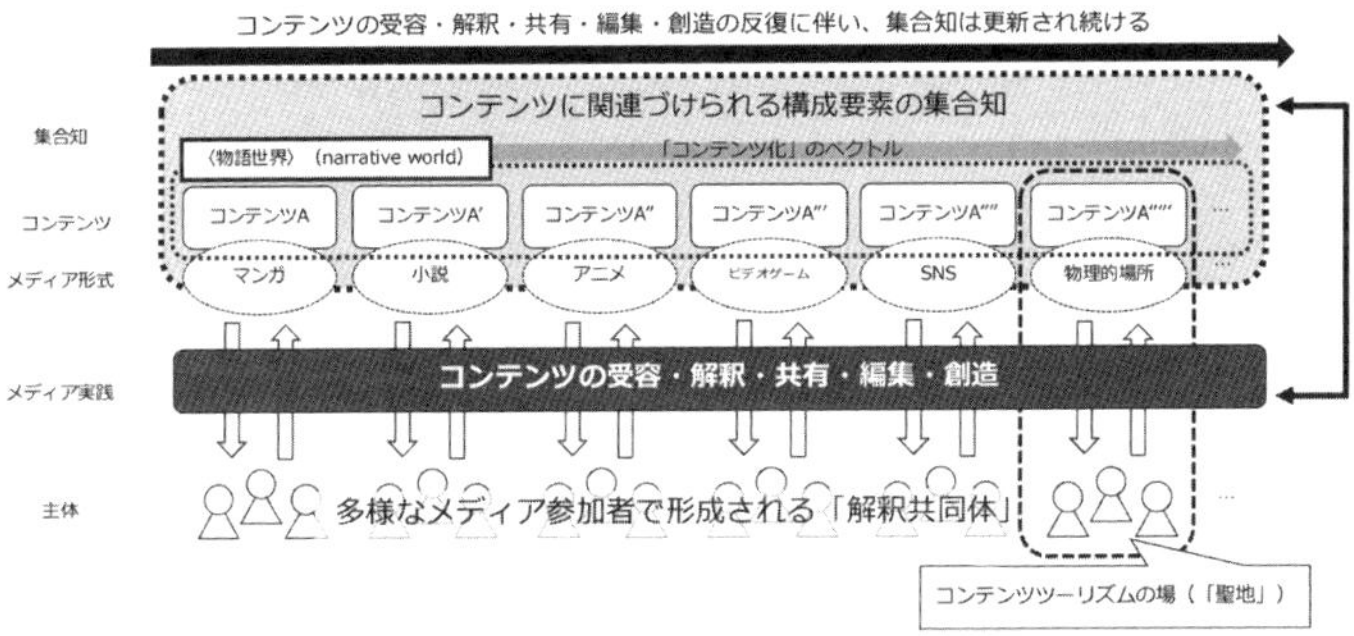

図2　「コンテンツ化」を駆動させる源泉としての集合知

「コンテンツ化」を駆動させるには、異なるメディア形式のコンテンツを接続させる想像力が必要となるが、その想像力の源泉となるのがコンテンツに関連づけられる構成要素の集合知である(30)。この集合知はメディアを介した文化実践、すなわちコンテンツの受容・解釈・共有・編集・創造が反復される過程で更新されてゆく。これらの文化実践の担い手は多様なメディア参加者である。ここまでの議論でも言及してきたように、その中にはファンも含まれれば、コンテンツの制作者側も含まれる。また、物理的場所をメディア形式の一部に置くことで、コンテンツツーリズムの「場」となる「聖地」とされる場所に関与する地域住民や事業者などもメディア参加者の中に内包されることになる。その多様な参加者によって形成される集合知は、さまざまなコミュニケーションの資源になりコンテンツの価値にも影響を与える。

一方で、このように「コンテンツ化」とコンテンツに関連づけられる構成要素の集合知の関係に着目することで、従来想定されていたコンテンツのライフサイクルを越えて、コンテンツツーリズムを持続的な現象とするためのヒントを見出せる。先ほども言及したように、ポップカルチャー・コンテンツには「賞味期限」がある。コンテンツの新作が制作者側からひんぱんに提供され続ける時期は、そのコンテンツに関連する文化実践も活発になり、コンテンツ関連の集合知の更新も進む。結果「コンテンツ化」も推進される。しかし、連載終了や放送終了によって、新作の供給がストップすることで文化実践の反復は停滞してゆき、集合知の更新も進まなくなる。結果「コンテンツ化」の駆動も止まり、コンテンツのビジネス上のライフサイクルは終焉を迎えるのである。しかし、現実の物理的場所＝「聖地」とされる場所においてコンテンツに関連づけられる集合知の更新を試みる文化実践が継続することによって、そこに足を運ぶファンは出てくる。コンテンツが生き続ける可能性が生まれてくるのである。

実際、十年以上前からコンテンツの新作の供給がなくなったアニメ作品でも、「聖地」において開催される作品の構成要素と関連づけられたイベント（たとえば、登場キャラクターの誕生日イベント）に多くのファンが足を運ぶ様子は確認できる。たとえば、二〇〇九年に放送されたアニメ『けいおん！』の舞台とファンからみなされている滋賀県犬上郡豊郷町・豊郷小学校旧校舎群では、公共施設であることを活用して施設の一部をイベント会場としてファンに貸し出しているが、毎年実施されるファン主催のキャラクターの誕生日イベントには現在も多くのファンが訪れている（図3）。作品

図3　豊郷小学校旧校舎群講堂で開催されたファン主催の誕生日イベントの様子（2022年 11 月 27 日，筆者撮影）

展開はほとんどなされてない状況が続くものの、ファンの文化実践が介在することで、持続的に「聖地」として機能している一つの事例といえる。

コンテンツとの関係を考えたばあい、コンテンツ権利者や二次利用者となる事業者にとってコンテンツは商材としての側面がどうしても強くなる。もちろん作品への愛着は持っているだろうが、生業として作品をつくり続ける必要がある。一方で、ファンにとって「推し」となるコンテンツは消費するだけの対象ではない。幅広い文化実践を生む資源であり、生きるための心の支えともなる「かけがえのないもの」である。当然ながら新しい「推し」を見つけて去ってゆくファンは存在するが、しかし、推し続けるファンもいるのである。ただし、「推し」への情熱を維持するのは孤立した状態では難しい。ファンは自身の解釈を伝えて共有する相手がいることでファンを続けやすくなる。その点で、ファン同士の相互行為や文化実践（そして、その過程で形成される集合知）を支える場こそがコンテンツを生き続けさせる資源となる。そして、その場として「聖地」という物理的場所には大きな可能性がある。

「聖地」となった地域住民にも目を移してみると、作品と地域との関わりが長期にわたる中で住民たちの間で作品への愛着が生まれ、さらにコンテンツへの知識も深まる状況が見られる[31]。コンテンツツーリズム現象が長期化する中、地域住民もファン化するのである。本稿では詳述しない[32]が、「聖地」ではその内外からファンが集い、多様なファンの文化実践が展開される場となっている様子が見られる。そして、それが持続可能な「聖地巡礼」現象へとつながっているのである。

おわりに

アニメなどのポップカルチャー・コンテンツはアドホックな側面がある。どんなコンテンツにも「賞味期限」は存在し、コンテンツを媒介とした盛り上がりが一時的な現象に留まってしまうことは多々ある。しかし、それを持続可能とするための資源の一つとしてファンの文化実践が挙げられる。多様な文化実践を通じてファンは自らが推したいコンテンツに関連する集合知を更新し、さらなる文化実践を誘発させるダイナミズムをそのコンテンツ文化にもたらす。本稿では、ファンの文化実践と集合知形成の関係を踏まえ、「聖地巡礼」現象を事例として、その文化実践の場としての「聖地」の可能性を提示した。

「メディア・コンヴァージェンス」を通じて多様な「収れん」が引き起こされているが、虚構と現実を結びつける「聖地巡礼」現象はその一つの事例といえる。さらに、「聖地」という物理的場所は、ファンが文化実践を展開するための空間の多様性を生み出している。SNSなどのサイバースペースにおける非対面の交流は多様な人びとと出会い、相互行為を通じて集合知を形成する可能性を開く一方で、その関係性は脆弱であるという問題を抱える。他方、現実空間における対面の関係性は、同じ空間と時間を共有しなければいけないものの、一定の強度を持った紐帯を形成することができる。オンライン上で出会った人びとが現実（オフライン）に集まる「オフ会」は、オンライン・コミュニケーションがパソコン通信だった時代（一九八〇年代）から存在するが、その効用はオンラインの関係性の脆弱さの補完にあったといえる。そして同様に、ポップカルチャーと物理的場所が重なった「聖地」でも相互補完的な機能が働いている。そこで形成される関係は、「ポップ」であるがゆえのアドホックな側面を持ちつつも持続可能な側面も持ちえている。そして、その関係性の中で多様なファンの文化実践と集合知形成が推進されているのである。

社会学者のマーク・グラノヴェッターは、家族や親友のような「強い紐帯」よりも「弱い紐帯」のほうが新しい有益な情報をもたらすという「弱い紐帯の強み」について議論したが[33]、「聖地」となった物理的場所では「弱い紐帯」を基盤とする集合知の形成がなされ、それがその場所の「聖地」としての場所性を持続可能なものとしているともいえよう。コンテンツツーリズムの持続可能性を考えるにあたっては、この関係性に着目した議論をさらに深める必要があるが、紙幅の都合上、この論点については稿を改めて論じたい。

注

（1） たとえば、以下の論文など。谷村要「インターネットを媒介とした集合行為によるメディア表現活動のメカニズム――『ハレ晴レユカイ』ダンス『祭り』の事例から」『情報通信学会誌』二五巻三号、二〇〇八年、六九―八一頁。

（2） 二〇〇七年に出版された『それぞれのファン研究――I am a fan』を嚆矢として、現在ではさまざまなファン研究の本が多数出版されている。玉川博章・名藤多香子・小林義寛・岡井崇之・東園子・辻泉『それぞれのファン研究――I am a fan』風塵社、二〇〇七年。

（3） 作品の舞台を訪問するアニメファンの一部には自らの行動を表現するさいに、「聖地巡礼」という宗教的な意味合いを持つ言葉を使用せず「舞台探訪」という表現を好む者がいる。たとえば、自身も「舞台探訪者」を自認する大石（二〇二〇）の論文タイトルなどにそれは顕著に表れている。両用語はほぼ同様の意味を持つため、ここでは併記する形をとる。大石玄「アニメ《舞台探訪》成立史・新訂版――いわゆる《聖地巡礼》の起源と紀元」『富山県立大学紀要』三〇巻、二〇二〇年、二五―三五頁。

（4） Jenkins, Henry, "Star Trek Return, Reread, Rewritten: Fan Writing as Textual Poaching." *Critical Studies in Mass Communication*, 5(2), 1988, pp. 85-107.

（5） ヘンリー・ジェンキンス、渡部宏樹・北村紗衣・阿部康人訳『コンヴァージェンス・カルチャー――ファンとメディアがつくる参加型文化』晶文社、二〇二一年（Jenkins, Henry, *Convergence Culture: Where Old and New Media Collide*, 2006, NYU Press）。

（6） ヘンリー・ジェンキンス『コンヴァージェンス・カルチャー――ファンとメディアがつくる参加型文化』、二四頁。

（7） 一般社団法人日本動画協会「アニメビジネスと製作委員会」（文化審議会著作権分科会政策小委員会配布資料）、二〇二四年。https://www.bunka.go.jp/seisaku/bunkashingikai/chosakuken/seisaku/r06_03/pdf/94124501_02.pdf（二〇二四年十二月二十四日最終閲覧）

（8） 一九四五年に出版社として創業した角川書店は、一九七〇年代後半に自社の出版物の映画製作を手がけるようになったが、近年はニコニコ動画を運営するドワンゴやアニメ制作スタジオの動画工房を完全子会社するなど、出版事業だけでなく、映像事業・音楽事業・ゲーム事業・教育事業などを幅広い領域を扱うようになっている。

（9）「コミックシーモア」https://www.cmoa.jp/（二〇二五年一月二十八日最終閲覧）

（10）ヘンリー・ジェンキンス『コンヴァージェンス・カルチャー――ファンとメディアがつくる参加型文化』、二四頁。

（11）ヘンリー・ジェンキンス『コンヴァージェンス・カルチャー――ファンとメディアがつくる参加型文化』、二五頁。

（12）ヘンリー・ジェンキンス『コンヴァージェンス・カルチャー――ファンとメディアがつくる参加型文化』、二六頁。

（13）このような制作者／生産者的側面を消費者側が持つ文化変容については、アルビン・トフラーが一九八〇年代に生産者（producer）と消費者（consumer）をかけあわせた「プロシューマー（prosumer）」という用語ですでに表現していた（トフラー、一九八〇、三五二頁）が、「コンヴァージェンス・カルチャー」における消費者のもつ役割はさらに拡張されている。この状況を踏まえ、アクセル・ブランズはWikipediaなどのコンテンツ生産に多様なネットユーザーが関わっている状況を踏まえ、制作者（producer）としての側面をもったユーザー（user）をプロデューザー（produser）と名付け、プロデューザーの「つくって、利用する」行為をプロデュセイジ（produsage）と呼んでいる（Bruns 2008, pp. 15-23）。アルビン・トフラー、徳岡孝夫監訳『第三の波』中央公論新社、一九八〇年（Tofler, Alvin, *The Third Wave*, Bantam Books, 1980）。Bruns, Axel, *Blogs, Wikipedia, Second Life, and beyond: From Production to Produsage*, Peter Lang, 2008.

（14）大石玄「アニメ《舞台探訪》成立史・新訂版――いわゆる《聖地巡礼》の起源と紀元」。

（15）ビデオデッキの普及に伴い、一九八〇年代～一九九〇年代にかけて、テレビ放送の形でアニメ作品を届けるのでなく、ビデオグラムを通じてアニメ作品を流通させる形式が日本のアニメ産業ではとられるようになった。このような流通形態で提供されたアニメは「ＯＶＡ（オリジナル・ビデオ・アニメーション）」と呼ばれ、テレビアニメとは区別された。

（16）「聖地巡礼」をメインで扱った最初の書籍である『聖地巡礼――アニメ・マンガ十二カ所めぐり』にも、同書の著者である柿崎が一九九〇年代半ばに友人らとともに作品の舞台を訪れた思い出が綴られている。柿崎俊道『聖地巡礼――アニメ・マンガ十二カ所めぐり』キルタイムコミュニケーション、二〇〇五年、一三五頁。

(17) 国土交通省総合政策局観光地域振興課・経済産業省商務情報政策局文化情報関連産業課・文化庁文化部芸術文化課『映像等コンテンツの制作・活用による地域振興のあり方に関する調査報告書』二〇〇五年、四九頁。

(18) 二〇〇三年四月には「ビジット・ジャパン・キャンペーン実施本部」およびその事務局が設置され、現在の独立行政法人国際観光振興機構(JNTO)につながる体制がつくられている。また、二〇〇六年十二月には観光立国推進基本法が国会で成立、二〇〇七年一月より施行され、二〇〇八年十月には観光庁が創設されることになる。

(19) 政治学者ジョセフ・ナイは国際政治に影響を及ぼす力として、軍事力・経済力のような「ハードパワー」に加えて、「文化、イデオロギー、制度の魅力など」で構成される「ソフトパワー」の重要性を指摘していた(ナイ、二〇〇二、三三頁)。彼の議論は、各国の文化政策に影響を与えてゆくことになるが、日本では、外交ツールなどで世界的に人気を博していたポップカルチャーを「ソフトパワー」として活用することが二〇〇〇年代半ば以降に議論される状況になっていた(櫻井孝昌、二〇〇九)。ジョセフ・S・ナイ、山岡洋一訳『アメリカへの警告――二十一世紀国際政治のパワー・ゲーム』日本経済新聞社、二〇〇二年(Nye, Joseph S., Jr, *The Paradox of American Power: Why the World's Only Superpower Can't Go It Alone*, Oxford University Press, 2002)。櫻井孝昌『アニメ文化外交』筑摩書房、二〇〇九年。

(20) 最初に「聖地巡礼」現象を報告した学術論文(研究ノート)は、北海道大学観光学高等研究センターに所属する山村高淑の論考(山村、二〇〇八)である。山村は、鷲宮町関係者へのインタビューや現地イベントへの参与観察、関連資料の収集を通じて、『らき☆すた』以後の地域の対応やファンの活動を詳述している。山村高淑「アニメ聖地の成立とその展開に関する研究――アニメ作品『らき☆すた』による埼玉県鷲宮町の旅客誘致に関する一考察」『国際広報メディア・観光学ジャーナル』七巻、二〇〇八年、一四五―一六四頁。

(21) 多くのファンの集客に成功した代表的なアニメ作品と場所としては、二〇〇九年四月〜六月にかけて放送されたテレビアニメ『けいおん!』で主要な登場人物たちが通う学校のモデルであるとファンからみなされている滋賀県犬上郡豊郷町・豊郷小学校旧校舎群、二〇一一年四月〜六月に放送されたテレビアニメ『あの日見た花の名前を僕たちはまだ知らない。』の舞台である埼玉県秩父市、二〇一二年十月〜十二月にかけて放送されたテレビアニメ『ガールズ&パンツァー』の舞台である茨城県東茨城郡大洗町、二〇一六年七月〜九月にかけて放送されたテレビアニメ『ラブライブ！ サンシャイン!!』の舞台である静岡県沼津市、二〇一六年八月二十六日に公開され大ヒットを記録した映画『君の名は。』の舞台である岐阜県飛騨市、二〇一八年十月〜十二月に放送されたテレビアニメ『ゾンビランドサガ』の舞台である佐賀県唐津市、二〇二四年七月〜九月にかけて放送されたテレビアニメ『負けヒロインが多すぎる！』の舞台である愛知県豊橋市などが挙げられる。

(22) 国土交通省『観光立国推進基本計画（平成二十四年三月三十日閣議決定）』二〇一二年。https://www.mlit.go.jp/common/001150400.pdf（二〇二四年十二月二十四日最終閲覧）。

(23) 一般社団法人アニメツーリズム協会の専務理事・事務局長を務める鈴木則道による資料（鈴木、二〇二三）を参照。鈴木則道「デジタルアーカイブと地域資源のマッチング・観光活用による価値向上」、二〇二三年。https://www.kantei.go.jp/jp/singi/titeki2/forum/siryou/3-1.pdf（二〇二四年十二月二十五日最終閲覧）。

(24) 「アニメツーリズム協会概要」。https://animetourism88.com/animetourismassociation/（二〇二五年一月六日最終閲覧）。

(25) 山村高淑「アニメツーリズムからコンテンツツーリズムへ」山村高淑&フィリップ・シートン編『コンテンツツーリズム　メディアを横断するコンテンツと越境するファンダム』北海道大学出版会、二〇二一年、一—二八頁。

(26) 山村高淑「アニメツーリズムからコンテンツツーリズムへ」、一六頁。なお、「ポピュラーカルチャー」の範囲について、山村ははっきりと定義していないが、「大衆を消費者として想定し提供される芸術作品（さらには、その作品を中核として形成される文化）」と捉えてよいだろう。

(27) 山村高淑「アニメツーリズムからコンテンツツーリズムへ」、一五頁。

(28) 山村高淑「アニメツーリズムからコンテンツツーリズムへ」、一六頁。

(29) ヘンリー・ジェンキンス『コンヴァージェンス・カルチャー——ファンとメディアがつくる参加型文化』、二一—二四頁。

(30) 筆者の別稿（谷村、二〇二二）では、マンガ研究における「キャラ／キャラクター」の議論を援用し、この集合知を「『キャラ』の集合知」と名付けている。マンガ研究では、作品に登場するキャラクターのリアリティ、特に「現前性」（架空であることが自明にもかかわらず、受容者が「そこにある」かのように捉えられるコンテンツの性質）を支える特質として、そのキャラクターを構成する特徴的な要素を「キャラ」と捉えている。筆者は先行研究の検討を踏まえ、この「キャラ」概念を拡張し、作品と関連づけられた特徴的な構成要素として「キャラ」を捉えなおした。そして、作品のファンたちで共有される、作品に関連する構成要素の集合知を指して「『キャラ』の集合知」と名付け、コンテンツツーリズムとコンテンツ化を支えるリアリティの資源とみなした。谷村要「コンテンツツーリズム現象における『コンテンツ化』を支えるリアリティ――『物語消費論』と『キャラ／キャラクター論』からの理論的検討」『大手前大学論集』二二巻、二〇二二年、六三―八〇頁。

（31）　以下の論考を参照。谷村要「アニメ聖地における『キャラ縁』の形成」『地域活性研究』一四巻、二〇二一年、八五―九四頁。

（32）　ファンの多様な文化実践に関しては、先述した筆者の論考とともに以下も参照のこと。谷村要「『アニメ聖地化』の過程におけるファンの地域活動への関与――静岡県沼津市の事例から」『地域活性研究』一〇巻、二〇一九年、七九―八八頁。

（33）　マーク・グラノヴェター、大岡栄美訳「弱い紐帯の強さ」野沢慎司編・監訳『リーディングス　ネットワーク論――家族・コミュニティ・社会関係資本』勁草書房、二〇〇六年、一二三―一五四頁（Granovetter, Mark S., "The Strength of Weak Ties." American Journal of Sociology, 78: 1360-1380）。

＊　本研究はＪＳＰＳ科研費 JP24K15530 の助成を受けたものです。

タイにおける日本のポピュラーカルチャー

――タイBLドラマの歩み

ヴィニットポン ルジラット

はじめに

二〇一七年に、日タイ修好百三十周年を迎え、両国の関係を祝う様々なイベントが実施された。また、ジェトロの『タイ日系企業進出動向調査二〇二〇年調査結果』によると、在タイ日系企業数は六千近くに上り、特にサービス業が増加し初めて千社を超えたという。タイにおける親日の環は現在も拡大し続けている。この十年間日本料理専門店をはじめ、日本のドラッグストア、居酒屋、日本の街並みを模倣したアミューズメント施設作り等が人気のスポットになっている。

本稿は大きく二章に分かれており、第一章はタイにおける日本のポピュラーカルチャーの近年の現状、第二章はタイBLドラマの歩みである。また、研究方法としては、ドキュメント分析、エスノグラフィー、そして、オートエスノグラフィーという三つの方法を使用し、データ収集をおこなっている。

1　日本のポピュラーカルチャー

コロナ禍で訪日できなかったタイ人が規制緩和を心待ちにしていた二〇二一年二月に、筆者が運営している Facebook 上のページで簡単な調査を実施した。「タイの中で一番好きな日本の輸入品は？」という質問を投稿し、四百余りの回答をもらった。一番多かったのは「食品」であった。「ドン・キホーテ」、「無印良品」、「フジスーパー」等の特定の名前を書く人もいれば、「寿司」、「焼き肉」、「しゃぶしゃぶ」、「野菜」、「サツマイモ」、「かつ丼」、「ラーメン」、「抹茶」、「お菓子」等のように、食品の名前を書くタイプもいた。次に、「化粧品」、「文房具」、「車」、「アニメ・漫画・映画・音楽等」も言及され、日本の商品がタイ国内でかなり普及していることが分かる。この調査を実施した当時では、韓流文化、とくに音楽及びドラマの人気は、タイ国内でピークをむかえていたといえる。しかし、日本型アイドルもそれに劣らなかった。

図 1　バンコク市内にある日本をモチーフにした市場（2024 年 3 月，筆者撮影）

まず、バンコク市内の風景における変化について説明する。コロナ禍の規制が緩和され、日常を取り戻しつつある二〇二四年のバンコクには、進出した日本料理店がたくさん並んでいる。特に、日本風居酒屋（呼び名もそのままタイ語で「イザカヤ」と呼ぶ）が人気を呼び、販売している料理はお店によって異なるが、魚料理および焼肉が主流である。基本的に店内は日本の居酒屋のような雰囲気であり、値段も安くない。日本語が全く話せない友人に「イザカヤへ行こうか？」と聞かれたことがあったほど、日本風居酒屋はタイに定着している。また、タイ人のSNS利用率はかなり高く、訪問した場所の自撮りや家族・友達・恋人との写真を投稿する習慣があるため、商業施設等では、写真スポットが設けられている。すると、**図1**のように、日本語をそのまま看板にした場所も多く見られるようになり、今、日本にいると勘違いしそうであった。

次は、上記の調査回答から得られた「漫画・アニメ」、「音楽」、「映画・ドラマ」という日本の有名なポピュラーカルチャーの近年の変化を吟味する。

タイにおいて、一九六五年の『少年忍者風のフジ丸』が最初に放送された日本アニメであり、二年後の一九六七年の『仮面の忍者　赤影』が初めて出版された漫画であった[1]。およそ六十年が経った現在においても、漫画とアニメと言えば、日本の作品が最初に浮かぶのが一般的である。しかし、紙媒体の漫画を調べると、タイ読者は電子書籍（海賊版含む）へのプラットフォーム移動が速く、タイ国内における漫画の出版業界はかなり厳しい状況に陥った。日本の漫画もこれまで紙媒体が主流であったが、漫画雑誌は相次いで廃刊した。また、ウェブトゥーン社等の韓国発祥の縦読みカラー漫画が急成長し、タイのPrachachat新聞によると、二〇一九年には、利用者数が千六百八十万人となった[2]。韓国の漫画も関心を集めている。また、紙媒体が減少している反面、漫画の特典等のプレミアムグッズに対する意識が高くなり、高質な特典を求める声が高まった。

　一方、アニメの市場では、アメリカのディズニーを除けば、日本アニメの人気は一位だと言っても過言ではない。しかし、アニメ映画の状況はかなり異なる。二〇一六年までは上映されたとしても短期間で終了し、サブカルチャーに強い小型映画館で扱われることが多かった。それに変化をもたらしたアニメは、新海誠監督の『君の名は』であった。当時は、『STAND BY ME ドラえもん』を超え、タイ国内アニメ映画収入第一位（約四千四百十二万タイバーツ）となった。これをきっかけに、タイの大型映画館は日本アニメ映画の上映枠が増加された。そして、日本アニメ映画がタイの社会現象となったのは、『劇場版「鬼滅の刃」無限列車編』であった。二〇二〇年十二月のコロナ禍で、他映画の収入は激減している中にも関わらず、上映された一週間で千百七十万タイバーツ、一カ月も経っていないうちに一億バーツを突破し、タイ国内アニメ映画興行収入記録を塗り替え、一位となった。ハリウッド映画であってもなかなか達成できない数字である。また、映画を何度も見に行き、鬼滅の刃の衣装を纏って映画を見に行く若者もよく見られた。

上記の他、アニメは意外なところでタイの社会現象と関わっている。それは文化的な抗議活動として政治運動に取り込まれたことだ。二〇二〇年よりプラユット政権に対する反政府運動は、若者（中高生・大学生）を中心に異なる形と目的の政治運動となった。有名な例は『とっとこハム太郎』のオープニングテーマソング『ハム太郎とっとこうた』を替え歌にし、バンコク市内を走った運動である。替え歌では、元歌詞にある「大好きなのは　ヒマワリの種」の「ヒマワリの種」の部分を「国民の税金」に変更し、政府の税金の無駄遣いを訴えている。ツイッターで「民主主義を愛しているハムスターを大量募集」と参加者を呼びかけ、当初三百人ほど集まるかと思われたが、結果的に数千人が集まって大きなイベントとなった。タイの若者の間では、平和的かつ安心して参加したくなるデモを作り、これまでと違うアプローチの政治活動が目指されていた。したがって、若者に近い存在のアニメを利用することで、デモの現場に「コンフォートゾーン」が生まれたと言える。

次は「音楽」について検討する。日本のJ-POPとJ-ROCKは、九〇年代からゼロ年代の終わり頃まで若者の間で人気であった。専門雑誌、専門レコード店も盛んだったが、日本のアーティストはなかなかタイでコンサートを開催しないため、ファンはかなり首を長くして待っている状態であった。当時の様子を説明するため、筆者が二〇一三年に実施したインターネット掲示板での調査を紹介したい。掲示板で、「タイに来てほしい日本の歌手は誰ですか?」と問いかけた。それに対する回答のトップ5は、第一位がAKB48、第二位がHEY! SAY! JUMP、第三位が嵐、第四位がKAT-TUN、そして、第五位がHKT48であった。特に、当時のAKB48の人気は高く、全六百六人の回答の五割を占めていた。また、「毎日お寺へ行って、好きな日本のアーティストが来るように祈るしかない」、「DVDに英語字幕欲しい」、「十代の時から待っていて、今は子供が二人もいるのに、まだ来ない」など、コメントには絶望感が溢れていた。二〇一〇年代に入るとK-POPに抑えられ、日本の音楽はメインストリームメディアから姿を消した。

しかし、インターネットを中心に交流しているAKB48グループのファンが、日本型女性アイドルの地盤となっていた。すると、AKB48の関連グループとして、二〇一七年にタイ・バンコクを拠点にBNK48が結成された。同年の八月には最初のシングル『yàak ca dâay phób thəə』（AKB48『会いたかった』のタイ語バージョン）を発売し、十二月に二つ目のシングル『kúk-kíi sìaŋ thaay』（AKB48『恋するフォーチュンクッキー』のタイ語バージョン）を発売すると、日本型女性アイドルの大ブームが巻き起こった。当時、「推し」、「メイン」、「選抜」など、そのまま日本語を使うことが多かったため、インターネット上ではアイドル文化に関する日本語のチュートリアルがよく話題として取り上げられていた。

BNK48の人気を具体的に説明できる出来事が、日本で二〇一八年に行われた初の世界選抜総選挙である。日本ではAKB48グループの選抜総選挙についてはよく知られているが、海外のファンにとっては参加する難易度が非常に高かった。まず、モバイル投票は日本の携帯番号でしかできないため、国外からは不可能である。したがって、CDを購入して投票するしかなかった。ただし、そのCDも日本国内のみの販売となっていた。初「世界」選抜総選挙と銘打たれていたが、世界のファンが投票する手段は極めて少なかった。それでも、タイのファンの団結力は強かった。日本に住んでいるタイのファンを中心に、ウェブサイトを作り、CD投票するためのクラウドファンディングを実施した。その結果、BNK48所属メンバー二人がランクインした。第三十九位のチャープラン・アーリークン氏と、第七十二位のプレーワー・スタムポン氏であった。

これまでタイにおいて、日本型アイドル文化はあくまでサブカルチャーであり、海外の文化という認識であったが、BNK48の誕生により、タイで確実に「アイドル」という新たなジャンルが生まれ、BNK48の姉妹グループCGM48も誕生し、AKB48グループの会社以外からも日本型女性アイドルグループがデビューしている。

コロナ禍後からは、VTuberやYouTubeで活躍している日本のアーティスト（例えば、米津玄師やYOASOBI等）が人気を集めており、日本の音楽の人気が再燃している。

最後に、タイにおける日本の「映画・ドラマ」の近況を説明する。上記の二つのポピュラーカルチャーと異なり、日本の映画とテレビドラマの人気はここ数年間下火になっていた。二十一世紀に入る前には、『おしん』、『東京ラブストーリー』、『白鳥麗子でございます！』が話題になっていた。そして、二〇〇一年〜二〇〇五年までの間で、当時タイの新しいテレビチャンネルiTVから次々と面白い日本のテレビドラマが放送された。ファンも増加し、日本のテレビドラマの黄金時代と言える。しかし、その後韓流ドラマに抑えられ、日本のテレビドラマは地上波から姿を消した。しかし、二〇一五年に地上デジタル放送のThaiPBSから『半沢直樹』が放送され、また、最近GMMTVから放送されたBLドラマ『三十歳まで童貞だと魔法使いになれるらしい（チェリまほ）』が腐女子の間で人気になり、再び日本のドラマが話題になっている。

一方、上記で述べたアニメ映画以外、映画館で見られる日本映画は少ない。しかし、近年タイはストリーミング市場の激戦区になっており、日本に比べ手ごろな価格で加入できるため、ネットフリックスで配信されている日本の映画やテレビドラマが再び注目を集めている。また、タイBLドラマが日本で人気になったため、タイおよび日本の会社がテレビドラマを共同制作するようになり、今後、タイ人が視聴できる作品は増加すると見られる。

2　タイBLドラマの歩み

第二章では、メディア論の視座からタイBLドラマの歴史について考察する。第一章ではタイにおける日本のポピュラーカルチャーの近況について説明した。これらのコンテンツは発祥の地である日本からタイへ渡り、今でもタイのオーディエンスに受容され続けている。しかし、文化は受容だけではなく、時には能動的な側面もある。それは現地の好みに合わせる「ローカライズ化」と、現地の文化と混合し新たな文化を創生する「文化のハイブリディティ」である。[3]

そして、タイBLドラマはその後者であり、日本BL文化を長年受容してきたタイが現地で創り出した文化である。さらに、コロナ禍でイベントが全て中止になり家の中で費やす時間が増えた際に、タイBLドラマはインターネットという海を渡り、日本のファンに愛され、タイコンテンツ（主にBL）にハマって抜けられない「タイ沼」という現象が起こった。

タイ沼は各業界から注目を集めた。テレビ制作会社をはじめ、タレント事務所、レコード会社など、日本とタイのメディアもよくニュースに取り上げた。また、タイ政府もタイのソフトパワー政策として支援すると宣言した。さらに、この数年間タイBLドラマを対象とした研究も多数発表された。途上国でBL文化の受け身であったタイから作られたコンテンツが日本のファンの心に届くことは、アジアにおける文化帝国主義の逆風（カウンターヘゲモニー）として考察することも可能であり、LGBTQ 運動とも関連付けられた。[4]

さて、タイBLドラマの歴史について語る前に、産みの親である日本BLの歴史について少し触れたい。BLは和製英語の「Boys' Love（ボーイズラブ）」の頭文字であり、堀あきこ・守如子編『B

Lの教科書』によると、BLとは「男性同士の親密な関係や恋愛、性愛をテーマとした女性向けジャンル[5]」と定義される。BL漫画は、有名な日本漫画のジャンルの一つとして世界に広がっており、主な読者は女性であり、「腐女子」と呼ばれている。「腐男子」という男性読者もいるが、BL関連イベントや書店で観察したところ、一割に満たないと見られる。

また、藤本由香里は同著の中で、日本におけるBLの変遷を四つの時代に分けている[6]。

第一の時代は「少年愛」（一九七〇年代初頭から八〇年代末）で、少女漫画からスタートした時期であった。美少年の男性同性愛の性描写が印象的であった。ここで注意したいことは、海外の場合「Shonen-ai」という言葉はよく見かけるが、日本語の意味とは異なり、友情を強調し性描写がほとんどないものを指しており、ライトBLに近い意味である。

第二の時代は「JUNE（ジュネ）」（一九七八年から九〇年代半ば）で、前の時代は少女漫画の中にBLを掲載していたが、この時代には『ジュネ[7]』という専門雑誌が創刊された。既に廃刊したが、「ジュネ」は現在は同人誌即売会で一次創作のBL作品をさす普通名詞として使われる。

第三の時代は「やおい」（一九八〇年代後半から現在）で、一九七九年の漫画同人誌『RAPPORI』での「やおい特集号」という言葉をきっかけに、とりわけ同人誌のジャンルの名前として「やおい」はよく使われた。やおいは、「やま（山場）なし・おち（落ち）なし・いみ（意味）なし」の頭文字である。物語を構成する部分が欠けているという批判や皮肉に聞こえるが、ファン同士で笑い飛ばす遊び心も潜んでいる。この時代は日本の漫画とアニメのグローバル化が進んだため、やおい文化も輸出され、そのまま英表記で男性同性愛の漫画・アニメジャンルを「Yaoi」と呼ぶようになった。

最後は、第四の時代「ＢＬ（ボーイズラブ）」（一九九〇年代から現在まで）で、一般的に「ビーエル」と言う。きっかけは、一九九一年十二月に白夜書房から出版された雑誌『イマージュ』の表紙に「BOY'S LOVE COMIC」という言葉が綴られたことであった。否定的な意味を持つやおいよりも、こちらの方が市場に受け入れられ、特に漫画や小説など商業向けの商品はボーイズラブを使うようになった。現在、日本国内においては、一般的にＢＬという呼称が定着したが、海外のウェブサイトは「Yaoi／BL」と第三・第四の時代の表記を併用するような書き方が多く見られる。

タイにおけるメディア環境の変遷とＢＬ文化

前節では日本側のＢＬ史の簡単な流れを紹介した。本節ではインターネット以前の時代まで遡り、タイの事情とメディア環境の変遷を分析し、タイ独自のＢＬ文化がどのように形成されてきたかを明らかにする。また、それによって生まれてきたＢＬドラマはどのようなメディア環境で日本をはじめ世界に広がったかを検討する。

まず、タイではＢＬコンテンツを「やおい」でも「ビーエル」でもないユニークな呼び方で呼んでいる。上記で説明した通り、一九八〇年代後半から、Yaoi という言葉が海外に広がり、使われるよ

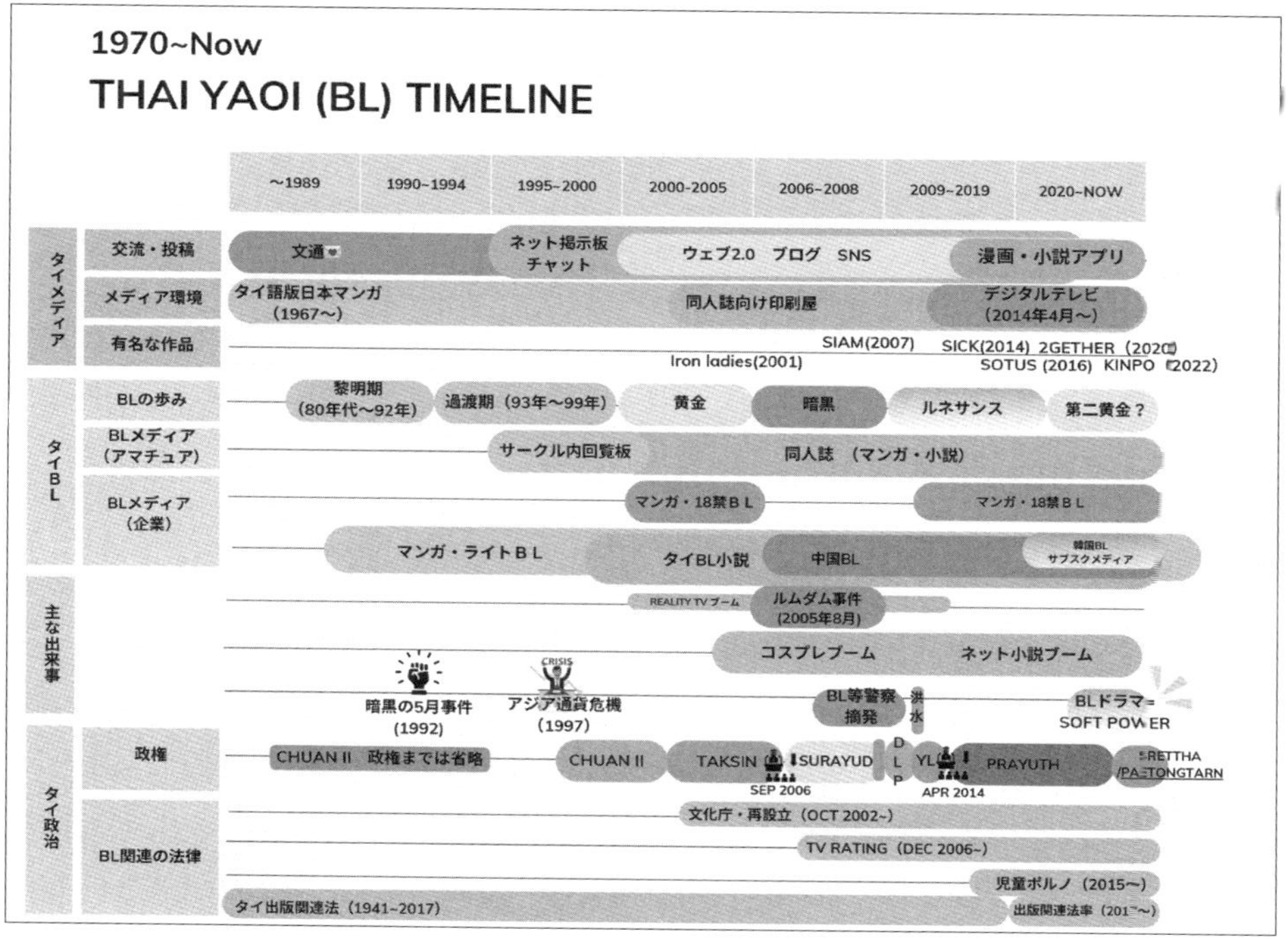

図2　タイ BL のタイムライン

うになった。当初、タイのファンの間で短期間「ボーイズラブ」という呼び方が使われた時期があったが、その後英語圏の国と同様に、英語表記の「やおい」が導入された。しかし、ニックネーム文化が根付いているタイ人は後にYaoiの頭文字の「Y」だけを取り出し、「ワーイ」と名付けた。さらに、このタイ語の「ワーイ」には、名詞はもちろん形容詞のような役割もある。例えば、「ワーイ・タイ（タイのBL）」や「カートゥーン・ワーイ（BL漫画）」、「ラコーン・ワーイ（BLドラマ）」、「サーオ・ワーイ（腐女子）」、「ワーイ・マーク（とてもBL的だ）」などという言葉が次々と誕生してきた。本論では混乱を防ぐため、必要なところ以外、全てのワーイを「BL」に統一する。

次は、**図2**「タイBLのタイムライン」と**図3**「タイにおけるメディア環境とその変遷」を合わせて考察する。**図2**に示されているメディア環境の変化は、**図3**のように四つの時代に分けられ、それぞれの時代に代表的なプラットフォームが存在する。

A　インターネット以前およびウェブ1.0——一九八〇年代～一九九九年　最初の時代はBL黎明期（一九八〇年代～一九九二年）から過渡期（一九九三年～一九九九年）である。この時代の特徴は、BLがまだサブカルチャーであり、一部の人しか知らなかったため、行政ではまだ耳目を集めなかった。特に黎明期は、社会的に同性愛やLGBTQの知識が乏しく、ファンは男同士の恋愛ストーリーを読ん

80年代～1999	2000～2005	2006～2013	2014～現在
インターネット以前＆ウェブ1.0	ウェブ2.0 (ブログ)	ウェブ2.0 (ソーシャルメディア)	デジタル化＆モバイル
・手紙 ・出版 ・個人ウェブサイト ・掲示板 (Pantip)	・Exteen ・Blogger ・個人掲示板 ・Live Journal ・Dek-D	・Facebook ・Twitter ・インターネットフォーラム (BL専用)	・デジタルテレビ ・電子書籍 (小説アプリ) 例 Tunwalai /ReadAWrite ・ストリーミングメディア

図３　タイにおけるメディア環境とその変遷

でも、理解できないことが多かった。初期のＢＬ作品は、有名な漫画出版社であるヴィブンキット社から出版された少女漫画雑誌（海賊版）『Gift Magazine（ギフトマガジン）』に掲載された。代表作は、日本の白泉社の漫画雑誌『LaLa』に一九八五年から一九九〇年まで連載された成田美名子の『CIPHER』であった。アメリカのニューヨークを舞台にした物語であり、アニスという少女が双子と出会い、彼らが一人の人物を演じて美術学校に通っているという秘密を知る。双子の共同生活や互いの体の触れ合い（おはようとおやすみのキス等）、互いに依存するような表現など、初期の「双子共依存もの」と言われている。しかし、当時のファンは、この物語に対してＢＬや同性愛という認識があまりなく、女子主人公がいることと、少女漫画の中に掲載されていることから、「双子の親密なやり取りが気になる」や「双子愛が美しい」というようなコメントがタイのファンからよく聞かれた。このような物語は英語の場合、「Shonen-ai」というジャンルに分類される。最近では、「Bromance（ブロマンス）」という言葉もよく使われている。黎明期時代のメディア環境は、マスメディア（テレビ・ラジオ・出版）がメインストリームになっていた。ＢＬに関してはまだジャンルとして独立していなかったため、少女漫画の中に親密な関係を持っている「イケメン」キャラクターがいるという認識であった。個人の交流は手紙と電話が主流であった。

次の時期は「過渡期」と名付けたが、メディア環境がアナログからデジタルへ移り変わる時期である。また、著作権に関する意識も高くなり、出版社が相次いで海賊版から版権版を出版するようになった。黎明期で海賊版だった『Gift Magazine（ギフトマガジン）』は廃刊し、一九九三年にヴィブンキット社から初の版権もの週刊少女漫画雑誌『Gift SCARLETT（ギフトスカーレット）』と版権もの月刊少女漫画雑誌『Mystery（ミステリー）』が創刊され、両方とも秋田書店の漫画を取り扱っていた。『ギフトマガジン』には、タイの腐女子の最初期のバイブルの一つと言われている天城小百合の『魔天道ソナタ』が掲載された。天使と悪魔がコンビを組んで死に際の魂を導く、天界と魔界をテーマとしたファンタジーライトＢＬであった。

また、この時期は日本漫画のタイ語翻訳市場（ローカライズ化）が成長期を迎え、ヴィブンキット社以外の出版社からも次々と新しいタイトルを出版していた。その中で、さきほど触れた『魔天道ソナタ』と同様に腐女子のバイブルとされていたのが、CLAMPの『聖伝　RG VEDA』、葉月しのぶの『妖魔の封印』、そして、尾崎南の『絶愛　1989』であった。どちらも共通してファンタジーＢＬのジャンルであった。さらに、過渡期の初め頃（一九九三年～一九九五年）、インターネットがまだ普及していなかったため、黎明期と同様に同性愛の描写を理解できない人が多かった。タイ腐女子へのインタビューによると、ファンタジーBLだからこそ、異世界の性別は我々が住んでいる世界と別の概念を持っていると読みながら考えていたという。つまり、BLは同性愛よりも「無性」という概念に偏っていた。

このようにタイでは密かにBL愛好者が育てられていた。しかし、このような内容は万人受けするとは限らない。『Gift SCARLETT』の読者コーナーに、『魔天道ソナタ』のコンテンツに不満を持つ人が、批判メッセージを投稿した。それを見たBLファンは『魔天道ソナタ』のような作品をもっと掲載するように、同コーナーに手紙を送り反論し、小さな読者コーナー手紙論争が勃発した。すると、創刊してからおよそ二年間で『Gift SCARLETT』が幕を閉じようとした時に、居場所が失われると思ったBLファンは、雑誌の編集長に連絡し、最終号の読者コーナーに同好の文通仲間を募集するメッセージを掲載するように依頼した。このメッセージを見たBLファンは投稿者に手紙を送り、手紙や電話で交流した結果、一九九四年にタイで初めてのBLファンのサークルが誕生した。サークル名は、既に述べた初期のタイ腐女子のバイブルを描いた四人の漫画家の名前から頭文字を取り、「ACHO（アッコー）」とした。

ACHO の初期会員は十数名で、入会には十八歳以上であることが条件であり、主な活動はBL漫画に関する交流であった。バンコク市内に住んでいるメンバーは、バンコクの中心にある紀伊国屋書店の休憩スペースの前で毎週末集まり、BL作品について語ったり、日本語の漫画を買って翻訳したり、同人誌（漫画・小説・イラスト）を書いたり、サークル会員の雑誌『A.M.』[8]を作ったりしていた。また、バンコクに来られない全国のメンバーには、その同人誌のコピー版および『A.M.』を郵送した。

ところで、週刊雑誌の『Gift Scarlett』が廃刊したが、実は、同出版社から別の月刊少女漫画雑誌『RINA（リナ）』が創刊され、それもまた秋田書店の少女漫画が中心であり、読者コーナーがあったため、BLファンが継続して交流しており、ACHO以外のBLファンサークルもいくつか結成されていた。

九〇年代の後半に入ると、家庭用インターネットが拡大していった。学校ではインターネット初心者向けの授業を導入し、町の至るところでインターネットカフェが開店し、学生で溢れていた。また、ページャー（ポケットベル）も流行り、交流ツールは文通からインターネット掲示板（Pantip、個人ウェブサイト）とチャットプログラム（ICQやmIRC32、Pirch98など）に変わった。

一方で、インターネット世界が拡大している中、リアル世界では一九九八年に行われたACHO会員の集会「ACHO MEETING」でタイにおいて初のコスプレイベントが開催された。また、出版社が主催する漫画のファンイベントも九〇年代の終わりに、年に一つから二つのイベントが実施された。この時代でもう一つの大事な出来事は、タイ初の本格的にBLを取り扱った出版社（海賊版）「LOVE BOOK出版」の誕生であった。彼らはライトBLから性描写が入っているBLまで出版していた。また、ファンタジーBLのみならず、学園もの、スポーツ系等、様々なジャンルを出版していた。しかし、この時代におけるBL漫画の性的な表現はかなり制限されており、出版される前からカットされることが多かった。

これまで述べていた黎明期と過渡期は、未知なる日本のBL文化の作品を受容し、解釈し、自らアマチュアメディアである同人誌を作りはじめた時代であった。また、交流の手段もアナログの文通からインターネットの掲示板へ移り変わり、速さも情報量も急激に変化した。企業側である出版社の方も活発になりはじめ、九〇年代後半になると、より多くのBL漫画と接する機会が生まれた。この九〇年代で作られた文化は、タイのY文化の基盤となり、次の黄金時代を導いた。

B　ウェブ2.0（ブログ）――二〇〇〇年〜二〇〇五年

二十一世紀に入ると、インターネット世界はウェブ1.0時代からウェブ2.0の時代へと進化した。これまでは技術的な知識がないと個人ウェブサイトを作れなかった人々は、簡単にブログ（例：Exteen、LiveJournal、Dek-D）といったプラットフォームを利用し、自分の表現する場を獲得できた。ユーザー生成コンテンツ（UGC）が非常に大事なキーワードとなった時代である。このメディアの変化により、BLファンの交流や活動がより加速し、活発になっていった。日本語から翻訳したものだけでなく、自ら作ったオリジナルおよび二次創作の漫画と小説がインターネット上でたくさん投稿された。(9)

しかし、前の時代に比べると、印刷会社が同人誌の仕事を受けるようになり、その同人誌を販売するための委託店も増加した。したがって、小人数サークル・個人サークルが数多く誕生した。例えばACHO本体は大きくなり、会員数が二百人以上を突破したが、内部ではメンバー個人、または、メンバー同士が組んでサークル活動を開始した。そのため、二〇〇〇年代に入ると、会員同士の交流はまだ継続しているものの、個人活動で忙しくなり、ACHO本体の活動がほぼ停滞していた。

この時期のＢＬファンは、まず、掲示板やブログのコメントで知り合い、ほぼ毎日チャットメッセンジャーを利用し、ＢＬについて語っていた。より親しくなると、リアルで顔合わせすることになり、ＢＬファンの環が拡大していた。その結果、同人誌即売会や漫画ファンイベント、オフ会が急増し、毎週オフ会という時期もあった。

盛り上がりを見せたＢＬ漫画と小説市場は企業からも注目された。ビジネスの可能性に気付いた出版社によって、「LOVE BOOK出版」をはじめ、いくつかの海賊版ＢＬ専門の出版社が生まれた。これまで少女漫画の影に隠れていたＢＬ漫画が次々と本屋に並び、セブンイレブンの本棚にまで進出した。すると市場の競争が激しくなり、前の時代では自主検閲してカットしていた性描写も、十八禁でそのまま出版するようになった。さらに、ファンが作った同人誌にも商業漫画と同様に性的なシーンが増加した。これが原因で保護者とメディアの目にとまり、警戒心を持たれた。

ここで**図2**のタイ政治の部分をみると、二〇〇二年のタクシン政権の時に、文化庁が再設立されている。当時の世論は、タイの伝統的な文化をしっかり守ろうという雰囲気になり、様々な法律が作られた。その中では漫画のポルノグラフィーがタブー視されていた。同性愛がダメだというより、漫画は子供のメディアだという認識から、子供に性的な描写を見せてはいけないという問題意識であった。

二〇〇五年八月、ＢＬファンがこの黄金時代を楽しんでいる中、全てを覆す転機が訪れた。社会の悪を告発する有名なテレビドキュメンタリー番組『ルム・ダム（ブラック・ホール）』が特集で漫画を取り上げたのであった。そのタイトルは「新種類の漫画――誰が被害者なのか？」という。番組の内容は、純粋な子供に悪影響を与える非常に卑猥な同性愛漫画やポルノ漫画（青年漫画）が、市場に多く出回っていると視聴者に警鐘を鳴らすものであった。しかし、番組が取り上げた漫画の一部には一般の子供向けの漫画（ドラえもんなど）が混ざっており、日本の漫画を読んだことがない親世代が誤解して、子供の持っている日本の漫画を焼却処分したとインターネットの掲示板に報告され、大炎上となった。

それから、別の有名な討論番組『トゥンルーク・トゥンコン』が日本漫画のファンと番組制作会社を呼び、互いの主張をぶつけ合い、議論している様子を放送した。ファン側は、関係のない一般的な漫画を取り上げたこと、および、無許可で同人誌即売会を撮影したことを糾弾したが、制作会社側は、自らの正当性を主張した。討論番組は白黒をハッキリさせない終わり方であったが、番組を見た人は「ファン側の負け」と言った人が多かった。書店に並んでいる漫画に一部性的な表現があることは事実だったからである。

このようにインターネット上で炎上し、有名なテレビ番組にまで取り上げられた漫画は、子供を害すると指摘され、特に市場に出回っているBL漫画・小説・同人誌は摘発対象となった。企業側はもちろんのこと、アマチュア作品の同人誌も含まれていた。BL漫画の出版社や委託店は次々と警察の摘発を受け、罰金刑等に処された。さらに、同人誌を委託店に置いたファンの家にまで警察が現れたケースも掲示板に報告されていた。

この時代は今でも漫画ファンやBLファンの間で「ルム・ダム時代（ブラックホール時代=暗黒時代）」と呼ばれ続けている。日々警察に怯え、イベントの中止が相次ぎ、同人誌の販売も自粛された。また、アニメと漫画業界全体が非常に敏感になり、自分たちで漫画の内容を検閲する「自主検閲」が実施された。少年と青年漫画は大きすぎる文字で隠されたが、とにかくBL漫画は壮絶であった。主人公の絡み合いのシーンでは、羽や花で隠され、画の半分が見えなくなっているものもあった。それでもファンは耐えることしかできなかった。このようにして、タイのBLにおける第一の黄金時代が幕を閉じた。思い返せば、もしもこの事件がなければ、今のタイには、漫画家がもっと多く誕生していたであろう。

C　ウェブ2.0（ソーシャルメディア）――二〇〇六年～二〇一三年

ウェブ2.0の始まりはブログや動

画のUGCでかなり盛り上がったが、本来のウェブ2.0の力が発揮されたのは、「ソーシャルメディア」である。Facebook や Hi5 のようなSNSやマイクロブログの Twitter などは、表現の場としての役割だけではなく、人々をインターネットコミュニティで束ねる役割も果たしている。匿名性が高かった掲示板から、本名を利用する Facebook へと入れ替わった。前の時代にオフ会で出会った人々は、多くが Facebook の友達になった。この時代の特徴は、情報がより早く安易に拡散されることである。「シェア」と「タイムライン」機能が、前の時代のブログよりも情報の循環を加速させた。また、Twitter のような百四十文字以内で短く書くことを売りにしたSNSの登場によって、より情報をダイジェスト的にする必要が生じた。さらに、二〇〇七年にアップル社から iPhone が発売され、その後もスマートフォンの普及により、カメラやソーシャルメディアが手軽になり、コンテンツもテキストからビジュアル重視の写真と動画へと変わった。

メディアや技術がかなり進化を見せた一方、タイのBLは二〇〇五年に起こった事件からしばらく冬眠状態になり、「再生」の時期を待っていた。まず、委託店が相次いで摘発されたため、店頭からBL同人誌の姿が消えた。BL商品は主に店頭の裏で販売され、会員制度が導入された店もあった。また、同人誌即売会では表に出さず、十八歳以上の身分証明書を提示したうえ、好きなカップリングや合言葉などを言える者にしか販売しない、すなわち、麻薬販売のように恐怖を抱きながら販売しなければならなかった。二〇〇七年まではタイ国内最大のブックフェアであった「タイ・ナショナル・

ブックフェア」においても、警察が「不健全」だと思われる本を摘発し、翌年も警察が会場を巡回したと報告されている。[10] 実世界での流通が厳しい状況の中、BLファンはバーチャル世界に逃亡したと同時に、インターネットにおけるソーシャルメディアという「作品発表の場」ができた。これがきっかけで、タイBLのインターネット小説（Y小説）の大ブームが到来した。これらの小説が原作となり、次の時代の数多くのタイBLドラマ（ラコーンY）につながった。なお、漫画より小説のほうが主流であった理由は、絵より文字のほうが摘発されにくいからであった。

一方、政治では様々な変化があった時期である。二〇〇八年一月にはクーデター政権からタクシン派に交代したにもかかわらず一年間も続かずに、十二月には民主党政権に代わった。これまでBLやエロチックな商品に厳しかった軍とタクシン派政権から、異なる政権となったため、「不健全排除」の動きが弱くなった。[11] さらに、二〇〇七年十一月に男性同士のキスシーンが含まれた『ミウの歌 Love of Siam』という映画が上映され、インターネット掲示板で大炎上したが、評判の良い映画であったため、大勢の人が見に行った。それによって男性同性愛も一つの「愛の形」として再認識されたと考えられる。

D　デジタル化とモバイル――二〇一四年〜現在

デジタル化時代は、前の時代からのスマートフォンの普及率はもちろん、地上波のデジタル化およびインターネットストリーミング市場の拡大も関連している。それに伴いウェブサイト中心のコンテンツから、スマートフォンやモバイル端末向けのコンテンツに移り変わった。タイのＳＮＳはFacebookが中心になっており利用者数も世界第九位になっている。[12] 個人のメッセージは日本と同じLINEを利用している。

また、日本では地上デジタル放送への切り替えの際、古いテレビが使えなくなることがよく話題として取り上げられたが、タイではデジタル化によってテレビ業界がかなり盛り上がることになった。その理由は、日本と異なり、タイではテレビのデジタル化により、本来六チャンネルしかなかったのが四十八チャンネルに増加したためである。この新たなビジネスチャンスに参入したのは、テレビ局に限らず、タイのエンタメ業界におけるコングロマリットであるＧＭＭグラミーも手を挙げた。また、視聴には受信用のテレビボックスが必要で、当初、そのボックスも全チャンネルの対応ができなかった。急激に増加したテレビチャンネルの対策として、視聴者を呼び込むための「差別化」が必要になった。

さらに、インターネット上のＢＬ小説ブームは著しく、また、リアリティー番組におけるファンの妄想カップリング「クージン」も二〇〇〇年代に入ってから浮上していた。検閲が厳しい暗黒時代とは違って、「ワーイ（ＢＬ）」という言葉もたびたびタイのメディアに取り上げられるようになり、ある種の「若者文化」として認識されていた。二〇一四年にModern9テレビで、インターネット掲示板Dek-Dに掲載されていた有名なＢＬ小説『Love Sick: The Series』がドラマ化された。これはフリーテレビにおけるタイ初のＢＬドラマの放送となり、非常に良い反響を得た。未開拓の市場として制作会社から注目され、インターネットですでに人気を博しているＢＬ小説が次々とドラマ化された。そして、二〇二二年の時点で、ＢＬドラマの作品数は百以上を超えたのである。Modern9テレビの放送は、タイ産ＢＬ発足の鐘を鳴らしたといっても過言ではない。

二〇一九年三月～四月の間に行われた第四十七回タイ・ナショナル・ブックフェアの広報ポスターを見ると、二体のギリシア彫刻の銅像が抱き合い、その手には本があり、本の表紙には大きく「Ｙ」という文字が書かれている。また、二〇二二年六月、著者がタイ国内の大手書店Ｂ２Ｓを訪ね、巨大小説の本棚を見上げると、そこには「BOY LOVE, YAOI」と書かれており、二つの棚で数十タイトルが堂々と並んでいた。さらに、現在（二〇二四年）、タイＢＬドラマはタイのソフトパワー戦略の一環として政府に取り上げられた。その理由は、タイＢＬドラマがタイ国内に限らず、国外（特に中国、日本、東南アジアなど）でも人気になったからである。

日本へ里帰りしたタイＢＬドラマ

二〇二〇年三月十九日、ダイヤモンド・プリンセス号が横浜の港に到着してから一カ月あまりが経った。コロナ禍が猛威を振るっている中、イベントの中止と強制されたステイホームの中で、とあるTwitterの投稿がきっかけで、タイＢＬドラマが日本のファンの間で認識されるようになった。

「腐女子へ　タイのＢＬドラマ見てください」というメッセージに、物語のあらすじをまとめた四つの画像（「布教シート」と呼ばれる）が添付された。そこには攻め・受けの説明をはじめ、物語の面白さが簡潔に書かれていた。しかし、決め手は下にあるコメントである。「全十五話＋二期（十三話）YouTube で公式が無料動画公開中。なんで無料なの？　頭おかしいよな」と書かれていた。すると、時間に余裕があったＢＬファンが YouTube で作品を視聴し、また、その感想を Twitter に書き込み、タイＢＬドラマの存在が素早いペースで拡散された。現在は削除されているが、この投稿がきっかけでタイＢＬドラマは日本に里帰りできたのであった。

ここで注目したいのは、タイと日本のテレビ業界の大きな文化の違いである。日本では著作権などの関係で YouTube での放送の公開がほとんど禁じられている。一方、タイでは放送とほぼ同日にその動画が無料で公開される。リアルタイムで見られない人々の集客が狙いである。また、動画の中には広告が埋め込まれているため、広告収入がプラットフォームからも動画内からも発生する。さらに、ＳＮＳで多くシェアされればされるほど話題となり、関連イベントの利益にもつながるという考えもある。このアクセスのしやすさによって、タイ国内をはじめ、海外にむけても集客できるようになった。

まとめ

ここまで、タイにおける日本のポピュラーカルチャーを第一章で検討し、第二章ではタイＢＬドラマの歴史を遡った。ＢＬは日本が発祥の地であり、タイＢＬの故郷である。タイへ渡ったＢＬ文化は、現地でローカライズ化・消費された。また、受け手だったタイのファンが作り手に変わり、自分たちのタイ産ＢＬドラマを生み出し、日本に逆輸入した。この現象は、既存の文化が現地の文化と混合し、新しい文化が創られる「文化ハイブリディティ」である。非常に興味深いことに、現在、タイの若者にタイＢＬドラマについて聞くと、日本が発祥の地だと認識している人が少なく、タイ独自の文化だと思ったと答えている。文化ハイブリディティにおいてはよくみられる現象であるが、初回の放送からおよそ十年という短期間でここまで発展し国内外に拡大した理由は、政府や警察からの検閲、コロナ禍、そして、メディア環境である。いずれも、タイＢＬドラマの現在の姿を作り出した大事な要因であった。

注

（1） Gppppanter 2018「จากลอกลายสู่ลิขสิทธิ์ ย้อนรอยเส้นทาง 50 ปีหนังสือการ์ตูนญี่ปุ่นในประเทศไทย（トレースから版権へ——タイにおける日本マンガの五十年間の歩みを遡る）」。https://anitime.asia/scoop/half-decade-of-japanese-manga-in-thailand/（投稿日：二〇一八年十二月二十一日、最終閲覧日：二〇二三年三月七日）

（2） https://www.prachachat.net/ict/news-396037

（3） ルジラット・ヴィニットポン（石川ルジラット）「BL文化からみる文化のハイブリディティ——日本に逆輸入された「タイBL」の歴史」、『年報タイ研究』二三号、二〇二三年。https://doi.org/10.60302/thaikenkyu.23.1_3

（4） 同上。

（5） 堀あきこ・守如子編『BLの教科書』有斐閣、二〇二〇年、i頁。

（6） 藤本由香里「少年愛・JUNE／やおい・BL——それぞれの呼称の成立と展開」、『BLの教科書』、二一七頁。

（7） 三号より改名。発刊時は『Comic JUN』という名前だった。

（8） ACHO MAGAZINE の頭文字。

（9） テレビ業界においては、リアリティーテレビショーのブームがピークを迎えていた。あるオーディション番組で、歌手を目指している若者を同じ家に住まわせ、二十四時間監視カメラで撮影し、放送した。すると、一部のファンは番組出演者のカップリングを妄想した。それには男女のカップリングもあれば、同性愛の男性同士と女性同士のカップリングもあった。漫画と小説とは異なるメディアでBL的な妄想が見られた事例であり、同性愛コンテンツは、この時期から少しずつ一般化したと言える。

（10） Chanan Yodhong 2019「'วรรณกรรม Y' ในงานสัปดาห์หนังสือ : หมุดหมายพัฒนาการของวัฒนธรรมการอ่าน（タイ・ナショナル・ブックフェアにおける「Y文学」——読書文化の発展のマイルストーン）」。https://thematter.co/thinkers/y-literature-in-book-fair/72062（投稿日：二〇一九年三月五日、最終閲覧日：二〇二四年十一月三日）

（11） 政権交代している間に、放送業界においてはレーティング制度が二〇〇六年に実施されたが、出版業界ではうまく調整できないまま、二〇一七年の法改正まで一九四一年のものを利用していた。

（12） 統計情報サイト「Statista」より。https://www.statista.com/statistics/268136/top-15-countries-based-on-number-of-facebook-users/（投稿日：二〇二四年五月二十二日、最終閲覧日：二〇二四年十一月三日）

＊ 本研究は、「公益財団法人サントリー文化財団二〇二二年度研究助成『学問の未来を拓く』」による研究成果の一部である。

アニメの国境横断的な文化生産

スティービー・スアン

この数十年間で、「日本のテレビアニメ」と呼ばれるメディアが、世界中で人気を博したグローバルなメディアであるという認識は疑いようのない事実として定着している。アニメの人気に伴い、アニメ研究も増加してきた。方法論の面ではアニメ研究は地域研究の影響を受けており、日本文化の一部として見なされ、日本の内外で日本文化論や日本史の一環として研究されてきた。確かに、筆者を含めて、地域研究であるジャパニーズ・スタディーズという分野から来たアニメ研究者が多い。

しかし、ジャクリーン・ベルントが指摘しているように、アニメが日本社会を代表するものとみなされていることは、当然のこととして受け取られがちである。そして、アニメ自体は、主に日本を検討するために利用される一方で、アニメ自体がメディアとしてどのように機能しているかには適切に対処されない、「透明なもの」になっている(1)。「アニメは日本文化」という解釈を否定しようというのではない。地域研究はアニメ研究に重要な貢献を果たしており、批判するつもりもない。ただ、それはすべての方法論と同様に、分析対象のある要素に他の要素よりも集中する傾向が必ずあると指摘することは、妥当と言えるだろう。そしてこの場合、アニメは私たちが日本を見るための透明度の高い媒体と見なされている。

制作、影響、流通、消費のいずれにおいても必ず国外との関わりが見られる現代のグローバル化において、アニメ研究を国家に基づくフレームワークに限定することは困難である。アニメに限らず様々なメディアが一般的に国境を超えている現状に関して、研究の枠組みもまた、国家という概念を超える必要があると言えるだろう。

実際、この「大手前大学比較文化研究叢書」所収の『日仏アニメーションの文化論』において、佐野明子による同様の指摘がある。

> 政治的・経済的な影響関係のもとで「雑種性」が捨象されて「固有性」がクローズアップされ、日本特殊論に傾斜する「虚構」が提示されるのである。〔……〕日本のアニメーションが「グローバル」でありかつ「日本的」といわれる背景には、複数の要素が絡まり合っている。だからこそ、私たちが日本のアニメーションを分析するときは、日本特殊論に偏らない相対的な視点が必

要とされている。(2)

その通りで、アニメは「グローバル」でありながら「日本の」メディアとして取り扱われており、その中で「グローバル」な軸と「日本」つまり「ローカル」な軸が浮かび上がり、両者の間に緊張関係が生じている。

その緊張関係は、例えば多くの「クール・ジャパン」のイベントにうまく取り込まれている。「クール・ジャパン」とは、日本のテレビアニメの海外人気は一九九〇年代後半からますます高まり、二〇〇〇年代に日本の国家戦略において「日本のテレビアニメ」は日本ブランドの先端に置かれた。経済産業省によってアニメの海外販売が企画され、国への経済的な利益をえるための計画の一部となった。

ただし、ここでも問題が現れる。もし、「アニメ」というメディア商品を海外で売るならば、海外から求められる「アニメ」を売らなければならないのではないか。注意したいのは、「アニメ」という日本語の言葉は、英語の「anime」よりも幅広い意味を持っていることだ。日本国内では、「アニメ」は「商業目的のポピュラーアニメーション」のことであり、日本の作品に限らず「アニメ」の代表的作品群といえば、ディズニーの大人気アニメーションや、国民的アニメ『サザエさん』または『ちびまる子ちゃん』ではないだろうか。しかし外国人ファンたちは、わざわざ日本へ来て、秋葉原で『サザエさん』を買うために並ばないであろう。だから、「アニメ」やその周辺のグッズを売りたいのであれば、海外のファンたちが求める「アニメ」を販売する必要がある。それはどのようなアニメかといえば、多くの場合はいわゆる「深夜アニメ」である。実はこの「深夜アニメ」というアニメの意味は、英語の anime が示している意味に近く、特に「日本のアニメーション」というニュアンスが含まれている。

ということで、「クール・ジャパン」戦略が意図的に利用している「アニメ」とは国内の一般的な意味の「アニメ」ではなく、海外の英語の anime の意味に近いのであり、ここでは上記の「ローカル」と「グローバル」による緊張関係が見られる。具体例として、「クール・ジャパン」が関わっている AnimeJapan というイベントを検討しよう。これは毎年東京のビッグサイトで行われるイベントで、コスプレイベントやアニメに関するニュースの報告、様々なアニメスタジオのブースや発表、そして国内の業界と海外の流通業界の交流の場である。国内外で、アニメのニュースイベントとしてよく報道されている。

AnimeJapan は世界で一番大きなアニメに関するイベントを目指しており、キャッチコピーでは次のようにうまくまとめられている。「アニメのすべてがここにある」。「ここ」が指す内容は曖昧であり、イベントそのものを示すのか、「日本」を示すのか、あるいは同時に両方を示しているのかは、注目すべきことである。イベントの名前も巧みに選ばれている。AnimeJapan、つまりアニメとジャパンが一つの言葉になっている。なぜメディア媒体と国のイメージが合体しているのだろうか。「ローカル」と「グローバル」による緊張関係はここでも見られる。AnimeJapanは国内で行われるイベントであると同時に、国外向けの側面もある。世界へのアニメニュースを発表し、「アニメ」のすべてを報告するためのイベントだ。それでは、「アニメ」について報告する時、どの「アニメ」の定義が使用されるのだろうか。一般的な国内の「商業目的のポピュラーアニメーション」の意味か、または海外のアニメファンたちの「深夜アニメ」の意味だろうか。

こういう駆け引きはAnimeJapanの広告で可視化され、年々広告の対象に選択されるアニメが変遷しつつ、その過程によって「アニメ」の定義が変わっていくことが読み取れる(**図1**)。例えば、『ちびまる子ちゃん』は少しずつ対象から外れていき、消えてしまう。同時に「アニメ」は海外の意味である「日本の深夜アニメ」になる。「まるちゃん」は二〇一九年にやっと戻ってくるが、二〇二一年に消えて、二〇二三年にまた戻った。「まるちゃん」が消えたり現れたりすることを国内外の「アニメの意味」に関する駆け引きのプロセスの指標として考えれば、アニメの定義は一定していないということがうかがえる。

しかし、『ちびまる子ちゃん』や他の一般人向けアニメーションはここでは少数で、多数なのは「深夜アニメ」であり、日本語の「アニメ」の意味は少しずつ、英語の、言い換えれば「グローバルな」意味へと変わりつつある。だから、AnimeJapanなどのイベントによって、一方では海外の「アニメ」の意味が国内に浸透し、他方では「アニメのすべて」が深夜アニメになり、AnimeJapanの「ここ」は日本という意味合いを強める。このようにアニメは公式的に「日本のメディア」だとされており、日本文化として「アニメ」はより受容されやすくなる。だから、「アニメ」は長年海外で普及しながらも、現地の文化の一部ではなくて、「日本の文化」として取り扱われている。

一方、このプロセスを通じて「アニメ」の多様性が認識されると同時に、アニメを代表する形式、つまり様々な表現パターンや慣習も重要視されている。具体的には、類似したキャラクターデザインや表情、ジャンル、いわゆるアニメのお約束など、多くの繰り返された表現の慣習によって、画像を見ただけで「これはアニメだ」と認識できるようになっている。

実際、アニメはメディアが溢れている私たちの世界でアニメとして一貫して認識される必要があり、他のメディアと区別されアニメとして販売される必要がある。そのため、アニメは一定の範囲内で反復される慣習の繰り返しによって、メディアのカテゴリとして維持されている。これらの慣習は共通のレパートリー、あるいは東浩紀が論じたように「データベース」として再反復すると考えることができる(3)。

しかし、これは正確な複製ではなく、データベースからの引用である。引用は非常に特殊な繰り返しの一種である。新しい文脈で、引用された部分との関係を維持しながら、それに差異を持たせて繰り返す。そのため、反復とバリエーションの間には緊張がある。

図 1　AnimeJapan 2017 の広告

アニメとして認識させるためには既存の慣習を守らなければならない。そうすることで、既存の慣習に基づいた、限られた表現範囲内のものとなる。ただ、その特定の表現実施は特性がありながらも、以前の表現実施とリンクしている。各アニメは以前のアニメに似ており、アニメは統一性の高いメディアカテゴリーを守りながら、バリエーションを生み出す[4]。

具体例をみてみよう。ここでは長年に渡るシリーズである『マクロス』を取り上げる。全てのマクロス作品の舞台は、宇宙からの侵略者が存在する同じ世界に設定される。歌の力を使えるアイドルもいる。そして、アイドルとパイロットともう一人の三角関係のロマンスがあり、パイロットが乗る可変戦闘機バルキリーというロボットもいる。そのロボットによる独特なバトルシーン、特に有名なアニメーターの板野一郎がよく描く「板野サーカス」と呼ばれるミサイルのシークエンスが必ず登場する。

しかし、これらのマクロス要素が繰り返されても、全く同じものにはならない。つまり、反復と差異のバランスをとり、実施によって異なる。同じようなパターンを引用するが、それぞれは相違している。セルからCGまでアニメーション媒体も異なるが、同じように既存のアニメを参考しながら反復する。

マクロスより巨大な規模でも、一般的にセルルック、物語の流れ、キャラクターデザイン、キラキラ目のようなキャラクターの表情など、多くのアニメに反復された要素がある。その慣習は、アニメ作品に関して、アニメに期待されている「アニメだ！」と認識させる要素になる。その認識させる要素によって「アニメ」として販売することを可能にしている。

ただし、それらの慣習は現代には国内外で「日本文化を代表するもの」として受けとめられている。AnimeJapanに戻ると、AnimeJapanで選ばれた作品群は、特定のジャンルやキャラクターのデザインや表情が類似していることによって「アニメだ」と認識させる。同時に、国内外の視聴者には「アニメ」の言葉や画像を「日本からのもの」と認識させている。つまり、AnimeJapanのイベント名通りに、アニメとその似たものは日本文化というイメージに結びつけられることになる。このようにアニメの慣習は日本文化として見なされることが続いている。

しかし、その「日本からのもの」の実際の制作は、多くの海外の下請けや国内のスタジオに勤める外国人スタッフが担っている。実はこの多国籍・国家横断的、言い換えればトランスナショナルな制作システムには一九六〇年代に遡る歴史があり、長年続いてきた[5]。例えば、日本で最も長く継続的に運営されているアニメーションスタジオである東映アニメーションは、一九八〇年代からずっとフィリピンでアニメーションを制作し、自社のサイトでは「動画や背景そして仕上げ工程において東映アニメーション株式会社全作業量の約七〇パーセントを行っています」と書かれている[6]。大きなアニメーションスタジオ以外でも、下請けとして海外のスタジオの利用は普通に行われている。

動画だけでなく、アニメ産業のさまざまな仕事に外国人が関わっている。例えば、涂泳策やキム・セジュンのように、優秀なアニメーターがたくさんの原画にも貢献している。そして、朴性厚や黄成希のように、監督の仕事もしている。また、絵コンテを任せられる者もいる。例えば、アニメ制作をテーマにした『SHIROBAKO』というアニメでは、韓国出身のホ・ジョンが六つのエピソードの絵コンテを担当し、四つのエピソードの演出も手掛けた。アニメーションの他に、背景の映像も国外で作成されている。例えば、日本の田舎の景色を巧みに描いている『のんのんびより』という作品の背景の多くは、実はベトナムで描かれている。このように有名なアニメシリーズからマイナーな作品まで、アニメ制作の様々な仕事に、様々な国、特にアジア圏から来た人材が貢献している。

こういった事情があり、多くの場合、アニメのあるエピソードは、幾つかの国で画像の様々な一部分が制作され、日本へその部分を送り、日本国内でそれらを合成する。具体例をあげれば、マクロスシリーズはすべてアニメーションの一部が海外で下請けされた。『マクロスF』の第六話の原画は日本のサテライトスタジオで行われたが、セット・デコレーターはフランス人であり、第二原画は韓国で、背景は日本とタイで描かれ、そして仕上げはフィリピンと中国で行われた。したがって、『マクロスF』や一般的「テレビアニメ」を含む、私たちが見ているいわゆる「日本のアニメの画像」は多国籍的な生産物といえる。

アニメのアニメーションは一般的には部分的に他国で作られるが、この制作ネットワークにおいて

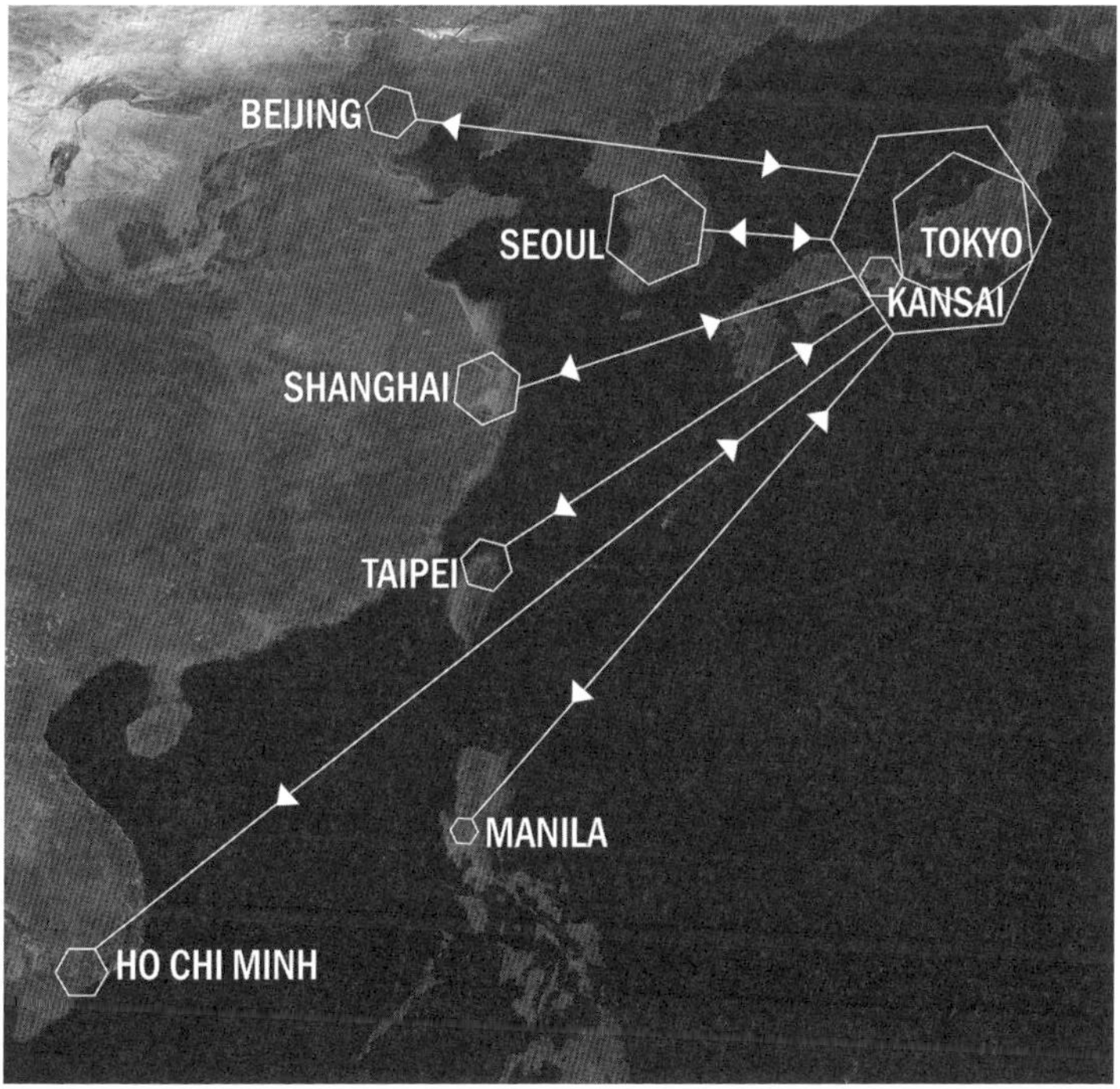

図2　アニメ制作の国境横断的なネットワーク

日本のスタジオは中央ノード（結節点）の役割を果たす。日本は数多くのアニメーターや他の重要な人材を擁し、国内の市場とスタッフの大きさや管理や権利の所有によって支配的なポジションを取る。さらに東京は、日本国内でも圧倒的にアニメスタジオが多い都市なので、マイケル・カーティンが呼ぶ、トランスナショナル流通における「メディア首都」となっている。[7]

このように、複数の国で構成される地域（例えば、日本、韓国、中国、台湾で構成される「東アジア」）ではなく、国境を超えるネットワークの地域性が見えてくる（**図2**）。国全体ではなく、スタジオやスタッフを多く抱える都市同士がつながっている中央ネットワークである。しかし、このネットワークの中で、日本、特に東京の役割は最も重要であり、無視してはならない。他のノード同士は直接繋がっているのではなく、制作したものは必ず東京経由で合成されるのである。したがって、アニメは単一国家の文化生産物というよりも、国境横断的な文化生産物と言えるだろう。

トランスナショナルな制作ネットワークによって作られたアニメは、多様な場所で制作され、単一のイメージに合成される。[8] 一方、アニメはただのアニメーションではなく、定型の表現が求められ、実は多くの海外の下請けアニメスタジオはアニメのみを作っている。[9] つまり、アニメのアニメーションを作るために、上記の繰り返される慣習を上手く表現するための、独特なスキルが必要ということである。

様々な場所で作られたイメージに統一性をもたらすのは、アニメの慣習を上手く再現する国内外のアニメーターたちである。しかし、国外で制作しても、それらの慣習的表現は視聴者に「日本の文化だ」と認識させる。アニメの慣習を国内外で上手く表現することは、その多国籍的制作システムを支えているが、同時にそのトランスナショナル性を隠蔽してしまう。ここでもまた複雑なローカルとグローバルの軸や、トランスナショナル性から生じる緊張関係が見られる。

ただ、アニメのグローバル性はさらに複雑である。長年、その国境横断的な制作ネットワークでは、日本、特に東京が中央ノードとして機能していたが、数土直志が述べたように、現在では国外を拠点として制作されたアニメ作品が日本国内でもいくつか放送されている。[10]この作品群にもいわゆる「日本のテレビアニメ」、あるいは「日本の深夜アニメ」と同様の慣習がみられる。

これらは、上述したアニメの慣習の引用ともつながる。これらの引用は分散型ネットワークの形式によって機能している。それぞれの引用の反復は、以前の表現実施を参照しながら、それらをリンクし、アニメの認識性を構成する。そのようにして、アニメは全体的に慣習を引用して遂行することによって成り立つ。これらの慣習は常に既存のアニメを参照している。したがって、アニメの制作スタッフは既存のアニメの慣習に依存しており、アニメの表現は自ら作るものではなく、むしろ学ぶ必要がある、外部に存在する慣習となる。

しかし、制作スタッフの勤める場所によってそのプロセスの解釈は異なる。日本国内で制作すれば、「日本文化」そのものとして捉えがちになる。日本国外での制作の場合、制作者は長年アニメ制作に貢献しても、アニメ＝ジャパニーズカルチャーの常識に準じて、自分が作っているものを外部の文化の生産物とみなすことに留めてしまう。

さらに、日本国外で制作したアニメ作品は「日本文化を単純にコピーしている」としばしば非難される。例えば、アニメ『バラララフェアリーズ』は主に中国で制作されたもので、『プリキュア』のような「日本のアニメ」の「単なるコピー」と見なされる。しかし、実際には「プリキュア」は部分的にフィリピンで制作されている。なおかつ、そもそも「コピー」すること（むしろ引用すること）こそがアニメの成り立ちを維持する。それは「日本的」と見られるアニメシリーズに共通している。これには『プリキュア』や魔法少女系アニメ、ロボットアニメなど、他の人気ジャンルも含まれる。全ては以前の成功した作品を引用しながら、慣習的表現を繰り返して制作されている。

品質とは無関係に、文化／国家／独自性の問題が浮上する。これは最終的に「国文学／映画」の議論を繰り返すことに陥る。しかし、今やすべての国が独自のアニメーション形式を必要としている。これは、文化の起源は国家というような概念によるもので、単一の文化的所有概念を維持している。

そうではなく、日本に限定されていないアニメの慣習の連携を想像することができる。「日本から」であるかどうかに関係なく、あるアニメ作品は多くの慣習的表現を引用し、一般的には「アニメプロパー」と見なされる作品のクラスターの周りに集まる。他のアニメーションは数少ない慣習的表現の引用しか持っておらず、クラスターからさらに外れる。それらも日本に依存して本物と見なされるのではなく、アニメの慣習をどれだけ忠実に実行するかで評価される。

ここで重視したいのは、国外のアニメもまたトランスナショナル文化の産物であり、多くの場合は日本や韓国や中国にあるスタジオが制作に参加している。これも長年続き、海外を拠点として制作されたアニメ作品が増加し、日本を超えるアニメのグローバル化が起きているが、多くの場合このアニメ作品は日本と何らかの関係を指向している。なぜならば、先程の「グローバルな意味のアニメ」は、必ず「日本」との関係がなければ、「本格的なアニメではない」ということになってしまうからである。

アニメの慣習的表現を上手く利用したとしても、日本との関係がなければ、アニメのトランスナショナル制作の長い歴史を無視して、「日本のものをパクっている」として批判されてしまう。ここでは、「アニメは日本由来のものだ」と主張するネーションブランディングの影響で、アニメの国境を超える可能性、よりグローバルな可能性が、現在の状況を見る限り失われてしまっている。

ここまでの話をまとめると、アニメの複合的なトランスナショナル性が浮かび上がる。グローバルな文脈において、アニメの複雑な現状の見取り図を次のように描けると思われる。制作面では、メディアの首都である東京は国家を横断するネットワークにおいて支配的な中央ノードの位置付けをとる。ただし、アニメを制作する際には、アニメの慣習的表現を引用する必要があるので、国を問わずに分散型ネットワークに参加する。しかし、そのアニメの慣習的表現は日本文化に固有のものとして見なされている。

この三つのトランスナショナル性が同時に作動している。このように、アニメの複雑なローカルとグローバルの軸やトランスナショナル性から生じる緊張関係が見られる。このような「グローバルな観点」やメディア形式論からアニメを考察することによって、「アニメ研究」、および広くは「ポップカルチャー研究」の新たな研究の道を開くことができるかもしれないと考えている。

最後に、このフレームワークを使って、現代の大人気ジャンルである「異世界アニメ」を分析して、国境横断的な文化的生産物の可能性を探りたいと思う。つまり、現代に流行しているポップカルチャーである異世界アニメにおいて、「日本」または「日本文化」はどのように国境横断的なトランスナショナル性を持つのだろうか。

ごく簡単に「異世界」というジャンルを説明すると、ある主人公（多くの場合は日本人）が突然に別の世界へ移動させられ、そこで色々な冒険をしたり旅へ行ったり、友達や敵ができたりして、その見知らぬ世界の文化や社会へ入り込んで、新しい生活を始めるというものである。

このベーシックな物語設定を上記のグローバルな観点から見れば、異世界アニメはアニメのグローバル化の隠喩として解釈できる。一般的に「日本からのもの」と思われている「アニメ」は突然に海外に移動させられ、そこで新しい文化や社会へ入り込むのである。

興味深いことに、歴史的な文脈において異世界アニメの数が増加したのは、一九九〇年代後半と特に二〇〇〇年後半から現在に至るまで、つまり、アニメの海外人気や「クール・ジャパン戦略」が強まった時代である。だから、異世界アニメはある意味ではアニメのグローバル化と関連が深いといえる。

二〇一八年のアニメ『転生したらスライムだった件』を具体例として見てみよう。他のアニメと同様に、東映アニメーションフィリピンを含めて、日本、中国、韓国、ベトナムのスタジオが制作に参加し、日本国内で合成してダビングなどを行った。

物語設定としては、ある日本人のサラリーマンが突然現実の世界で殺され、リムルという名のスライムとして異世界に転生する。この異世界にはゲームのように様々なゴブリンや鬼や魔物がいる。そしてリムルは、他の生き物を食べることで、その生き物の持つスキルやパワーを獲得し、変身する超能力を持つ。ある日、リムルは非常に強いドラゴンと友達になり、彼を食べて、強大な力を持つスライムになる。そしてその異世界で旅に出て、冒険の途中で他民族の友達を作り、ともに街づくりを行う。

物語が進むと、一つの民族ではなく様々な国からキャラクターが来て、リムルの街は多国籍の街になる。例えば、ドワーフ王国の刀鍛冶とゴブリンと牙狼が一緒に平和な街を作り、物語内で、他の国と平和条約について交渉する中央ノード（結節点）として機能している。

実際、この異世界ファンタジーの街にリムルは日本の伝統的な旅館を作っており、日本の一部を再構築しているように読み取れるだろう。したがって、物語のレベルで、東京が中央の位置づけをとっているアニメのトランスナショナル制作システムのことが示されている。

ここではリムル自身についても注目したいと思う。リムルの基本的な特徴とは他の生き物を吸い取って変身する能力である。この柔軟性がリムルの力である。つまり、リムルはアニメのメディア媒体であるアニメーションと同様に無限に変身可能なものである。

しかしながら、どの形にも変身できるリムルは多くの場合二つの形を取る。よく見られるアニメのキャラクターの形か、スライムの形である。アニメのキャラクターの場合は、興味深いことに性別の曖昧な美少年か、または美少女的な色の付いた髪をもつキャラクターだ（図3）。これはそれほどユニークなキャラクターデザインではなく、かなり慣習的なキャラクターデザインといえ、「これは間違いなくアニメだ」という認識性の高い姿である。

もう一つのスライムの形は、最もシンプルなキャラクターの形で、丸い塊の上に目の役割を果たす二本の線がついている（図4）。だが、リムルは基本的にその二本の線をアニメの慣習化された表情、つまりマンガ表現を通して感情を表現する。ここでも「アニメ」の慣習を守り、「アニメだ」と認識させる。

これまでの話をまとめると、グローバルな観点から考えれば、日本からきたリムルは「アニメ」の代役であり、異世界（言い換えれば海外）に移動しても、無限に変身可能であっても、「アニメ」の慣習を繰り返し守る。ここにはアニメのローカル（日本）とグローバル（異世界、または海外）の軸から生じる緊張関係への、物語や表現のレベルでの取り組みが見られる。さらに、リムルの多国籍的な街づくりは、実際の東京と同じように中央ノード（結節点）として機能しており、アニメのトランスナショナル制作を物語中でも実践している。

リムルに戻ると、このキャラクターはかなりオープンなタイプであり、アニメの慣習化された表現

図 3　青い髪のキャラクターの形を取るリムル

図 4　スライムの形を取るリムル（画像中央）

によって様々な他国からきた民族の友達や仲間をつくり、その人々も同様のアニメ表現を使って描かれる。つまり、国外でも同じ表現を再現するのは当然のことであり、アニメの表現はすでに国外に溢れている。このように、アニメ表現はもはやローカルな規模に限られているというより、グローバルな規模で、すでに普遍的なものになっている。

そしてリムルの潜在的な変身可能性は無限にあるので、これからどのような形を取るのはまだ分からない。リムルの、多様な観点を理解し妥協することが上手い性格は、アニメーションのメディア媒体の可能性でもある。しかし、どんな形も取りうる存在だとしても、アニメの慣習的な形を取ることが多く、異世界でも普及したアニメ表現によって平和な街を作っていることは、示唆的だと思う。

ほぼ無制限に変身可能なメディア媒体でありながらも、慣習化した表現を支持することには、縛りつけることよりも、絆を作る可能性の側面がある。ここには将来のアニメ研究、または現代文化研究の可能性があり、日本から世界へ、世界から日本へ、そして国境を超える、様々な研究の視点を見つけられると考えている。(11)

注

（1）　Jaqueline Berndt, "Anime in Academia: Representative Object, Media Form, and Japanese Studies," *Arts*, Special Issue "Japanese Media Cultures in Japan and Abroad: Transnational Consumption of Manga, Anime, and Video Games," 7, no. 4 (2018): 1–13.

（2）　佐野明子「日本のアニメーションにおける「日本」とは何か」、『日仏アニメーションの文化論』（小林宣之、大島浩英、石毛弓編）、大手前大学比較文化研究叢書一三号、東京、水声社、二〇一七、三七―三八頁。

（3）　東浩紀『動物化するポストモダン――オタクから見た日本社会』、東京、講談社、二〇〇一。

（4）　Stevie Suan, *Anime's Identity: Performativity and Form Beyond Japan* (Minneapolis: University of Minnesota Press, 2021).

（5）　津堅信之「アニメとは何か」、『アニメ学』（高橋光輝、津堅信之編）、東京、NTT出版、二〇一一、三―二三頁。Kukhee Choo, "Hyperbolic Nationalism: South Korea's Shadow Animation Industry," in *Mechademia 9: Origins*, ed. Frenchy Lunning (Minneapolis, Minn.: University of Minnesota Press, 2015), 144–62; Joon Yang Kim, "South Korea and the Sub-Empire of Anime: Kinesthetics of Subcontracted Animation Production," in *Mechademia 9: Origins*, ed. Frenchy Lunning (Minneapolis, Minn.: University of Minnesota Press, 2015), 90–103.

（6）　Kim, "South Korea and the Sub-Empire of Anime: Kinesthetics of Subcontracted Animation Production," 93;「関連会社｜企業情報｜東映アニメーション株式会社」、二〇二四年七月十七日閲覧、https://corp.toei-anim.co.jp/ja/company/affiliated_companies.html.

（7）　Michael Curtin, "Between State and Capital: Asia's Media Revolution in the Age of Neoliberal Globalization," *International Journal of Communication* 11 (2017): 1378–96.

（8）　Hye Jean Chung, "Media Heterotopia and Transnational Filmmaking: Mapping Real and Virtual Worlds," *Cinema Journal* 51 (2012): 87–109.

（9）　Kenta Yamamoto, *The Agglomeration of the Animation Industry in East Asia*, International Perspectives in Geography (Tokyo, New York, London: Springer, 2014).

（10）　数土直志『誰がこれからのアニメをつくるのか？　中国資本とネット配信が起こす静かな革命』、東京、星海社、二〇一七、二〇頁。

（11）　この論文の一部を短縮・改訂したものが、日本アニメーション学会の学会賞記念スピーチで使用され、本稿の内容と関連した異なるテーマにも触れた。その内容は『アニメーション研究』第二五巻第一号（二〇二五年）に掲載される予定である。

国際コミュニケーションの基礎としてのマンガの可能性
――二〇一九年の大英博物館マンガ展を紐解く

ニコル・クーリッジ・ルマニエール

今日は、私がキュレーターとして大英博物館で企画した二〇一九年のマンガ展について主にお話しします。そして、最後に今後の新しいマンガ展についても少し触れたいと思っています。

マンガ展開催に至るまで

大英博物館では以前から定期的に日本に関する展覧会が開かれていましたが、二〇〇六年のこと、私が大英博物館のキュレーターだった時に、ティム・クラークをメインの学芸員として「日本」の常設展示室が作られることになりました。私はその中でマンガのコーナーを担当しました。ルーヴル美術館では日本のマンガを「第九の芸術」と捉えて注目していて、大英博物館でも、同様にマンガについての展覧会を企画したいという願望がありました。

私の専門はマンガとは関係のない、日本の工芸品、日本の陶磁器や焼き物です。しかし、マンガは若い頃からずっと好きでした。そしてたまたま当時東京大学で客員教授を務めていました。それで博物館から依頼されて協力をお願いしたのが星野之宣先生です。星野先生を大英博物館にお招きし、マンガ『宗像教授異考録』のシリーズの中で「大英博物館の大冒険」というエピソードを描いていただきました。これが本当に面白いストーリーで、ロゼッタ・ストーンは本来誰のものだったのか、といった歴史の謎がメインの物語です。そして二〇〇九年に、このマンガに絡めて大英博物館に展示を作りました。館の入口近くの良い場所にある、朝日新聞が改修に協力した展示室「朝日新聞ディスプレイ」で、一つの部屋に多くの作品を並べ、あまりお金のかからないシンプルな形で「宗像教授」の展覧会を行いました。小さなものですが、これが大英博物館の最初のマンガ展になりました。

その後も「日本」の常設展で定期的にマンガの展示を企画しました。二〇一五年には、再び朝日新聞ディスプレイで三世代のマンガ家の展示を作りました（『マンガなう――三つの世代』）。ちばてつや先生、星野之宣先生、中村光先生の三人の作品を一つの部屋で展示したのですが、なんと来場者が合計十万人も入りました。展示の部屋には収まりきらないほどで、大英博物館もちょっと驚いて、もしかしたらマンガはいけるんじゃないか？　とついに気づいたわけです。それで、マンガ展をやるとすればどのような形が考えられるか、という話が私のところまで来たので、企画書を出しました。

興味深いことですが、大英博物館にはマンガのような現代の文化に対する距離感があります。マンガは、フランスやイタリアやドイツではとても売れているのですが、当時のイギリスでは、アニメは別として他の国に比べるとマンガの売り上げは低くなっていました。あまり流行らなかったわけです。そこには文字の本が良いという価値観があります。今はまた変わりつつあるのですが。バンドデシネとかグラフィックノベルもあまり売れていませんでした。そういうわけで、大英博物館では試してみたいという動きはありましたが、本当にやるかどうかを決められずにいました。最終的に、大規模な市場調査を実施して、やはりマンガは売れる、来場者が見込めるということが指摘されて、マンガ展を開催することが決まりました。

当初は二〇二〇年、東京オリンピックの開催が予定されていた年に開く計画でしたが、さまざまな事情から、結果的には良かったのですが、一年早い二〇一九年に開くことになりました。私はこの展覧会を準備するために、ほぼ一年しかなかったのです。やはり博物館の展示なので規模がかなり大きく、マンガを大きな視点で捉えなければならないし、さらに歴史の流れといったことについても触れなければなりませんでした。

例えばどんなアーティストを選ぶかは議論しました。私が勝手にアーティストを選ぶことはできません。大英博物館には評価部という部署があり、評価部がキュレーターの書いた解説を全部チェックして、この言葉は難しすぎるとか、ある人々には気になる言葉だとか、インクルーシブであるかどうかとか、例えば十七世紀の言葉を使ってはいけないとか、英語が母国語でない人のために十五歳くらいの読者を想定した英語で書いてくださいとか、そういった指摘をします。評価部から言われたのは、日本のマンガにある「日常系」や「スポーツマンガ」といったジャンルをもとに展示を区分すると、イギリス人に理解が難しくなってしまう。代わりに、「愛」というテーマとか、そういった区分にしてください、ということでした。評価部と戦うこともできますが、勝ち目はないので（笑）、なんとかバランスを取りながら、自分で行ける方向で進めました。おそらく、結構間違いも含まれていたのだろうと思います。

アーティストの人選には平等性が求められました。例えば出版社を均等にする必要があります。特定の出版社の作品が多すぎてはダメ、大手出版社だけでなく中小規模の出版社も大事だ、とか。地域性も重要で、九州のアーティストとか北海道のアーティストとか、それから女性か男性か、若い作家、ベテランの作家、というように、指標ごとに均等に選び出す必要がありました。数字だけで選んでいるようなもので、少しでも多ければカットされてしまい、本当に私が入れたかったアーティストが入れられなかったこともありました。

最終的に、五十人のアーティストの百七十タイトルを入れることが決定しました。

会場とポスター

大英博物館は定期的に大きなメインの展覧会を開催します。メインの展覧会は、案内が博物館の入口に大きく掲示されます。二〇一九年のマンガ展はメインの展覧会になりました。大英博物館で開かれた最初の日本に関する展覧会は、少しこじんまりとした会場でしたが、マンガ展の会場はもっとも大きなセインズベリーギャラリーでした。ロゼッタ・ストーンの展示場所から二分くらい離れたところです。

マンガ展に対してはさまざまな反応がありましたが、私が結局一番大事ではないかと思うのは、このマンガ展が、既存の枠組みにとらわれず、全く新しいものを見せることを目指して作られ、そしてそれなりの成功をおさめたということです。もう一つは、結果としてマンガ展がもっとも売上がよく、利益の高い展覧会になったことです。グッズの話をしますと、大英博物館はたいてい宝石やスカーフといった高価なグッズを売ることが多く、これが利益になります。今回は、高価なグッズを一切用意しなかったので、館内のショップは本当に利益が出るのかと、とても心配していましたが、問題ありませんでした。

マンガ展のポスターについてお話しします。大英博物館にはポスターに関する決まり事があり、メインのイメージは必ずここに置く、スポンサーはここに、二番目のスポンサーはここに、フォントはこれに、そのように色々なことが決められているのですが、私は、ポスターに『ゴールデンカムイ』のアシリパを入れたいと思っていました。このポスターはネット上でなぜもっと世界的に知名度があるマンガにしないのか、などと言われましたが、私は大英博物館にとっては理想的なチョイスだったと思っています。

ポスターに描かれたアシリパはマキリ（アイヌの小型の刀）を身に着けています。このマキリをデザイン・制作したのは、二風谷（北海道沙流郡平取町）に住んでいる工芸家の貝澤徹先生です。『ゴールデンカムイ』の作者の野田サトル先生は貝澤先生と出会い、貝澤先生は野田先生のためにここに描かれたマキリの実物を作りました。ちょうど同じ頃のことで、縁があったと思うのですが、私も、貝澤先生に大英博物館のためにアイヌのアイデンティティについての作品を作ってもらうことをお願いしていて、先生のところには何度も行きましたが、二風谷にはいつも『ゴールデンカムイ』の絵が展示されていました。私たちのマンガだとおっしゃって、すごく愛を感じました。日本のアイヌの問題に触れることにはさまざまな難しさも感じていましたが、ぜひとも実現させたいと考えました。一つ問題があって、野田先生はデジタルで描くのですが、大きなサイズの絵をアプリケーションで描くのは本当に難しいことでした。デジタルで描くと、だいたいA4くらいの大きさになりますね。だから、データを大きく拡大できるように何回も試行錯誤を繰り返しました。もう一つ、私には興味深いことでしたが、ポスターに使うアシリパのイメージは第一巻から取っていたのですが、その時既に、確か第十巻までが刊行されていて、野田先生のアシリパの描き方は第一巻の時から変わっていました。それで、野田先生が細部を描きなおしてくださいました。

展示の詳細

マンガとはどんなものか？　と聞かれたら、だいたい四十代以下であれば、ヨーロッパ人でも当たり前に答えられるのですが、五十代以上の人は、アニメやマンガのことをよく知りません。そうした人たちのために、マンガとはどういうもので、どう読めばよいかを最初に見せる必要がありました。運の良いことに、この頃、京都の国際マンガミュージアムが、こうの史代先生の『ギガタウン・イン・テラタウン　こうの史代の「漫符図譜」』展を企画していたところでした（二〇一八年十一月二十八日から二〇一九年四月二日まで開催）。こうの先生に協力していただき、『ギガタウン　漫符図譜』やマンガの読み方の解説の展示を、大英博物館のマンガ展の最初に設置することにしました。こうの先生の『ギガタウン　漫符図譜』は、マンガの文法がわかれば、すごく簡単に読むことができるのです。マンガのことが全くわからない人も多く来場しました。というのはだいたい大英博物館はおばあさんやおじいさんが孫と一緒に行くもので、孫にこれを見なさい、これを勉強しなさい、と言うものなのです。しかしマンガについては逆で、孫がおばあさん、おじいさん、お母さん、年上の人に、こういうふうに見るものだ、と教える立場に立っている光景が見られ、面白かったです。

展覧会の会場は、非常に大きな展示室でした。ヨーロッパやアメリカの展覧会は基本的に時計回りに回るのですが、右から左へのマンガの読み方を意識して、反時計回りにすることにしました。入口と出口の位置関係から人の流れを考えつつ、マンガに没入できるように設計しました。平均所要時間は一時間三十三分で、これは大英博物館にとって理想的な長さでした。

展示は六つのセクションに分かれています。第一セクション「マンガという芸術」は、マンガをどういうふうに読むか、どういうふうに作り、プロデュースするかというセクションで、編集者の話や、さまざまなアーティストの話が展示されます。第二セクション「過去から学ぶ」は歴史とのつながりです。第二セクションと第三セクションの間には、書店でのマンガ体験に関する展示があります。第三セクション「すべての人にマンガがある」は、さまざまなマンガのジャンルを紹介しました。第四セクション「マンガのちから」は、コミックマーケットや、『ゴルゴ13』を使った外務省の海外安全マニュアルのことなど、マンガと社会のさまざまな繋がりについての展示です。第五セクション「線のちから」は、もう少し視覚的なマンガの読解です。最後の第六セクション「マンガに限界なし」は「マンガ以降のマンガ」の話で、マンガと彫刻、マンガと焼き物、マンガと「ジブリ」、マンガと『ポケモン』などの映像作品……等々です。

最初に、マンガとは何かという定義を見せるのですが、これはけっこう難しかったです。そもそもマンガはいつ始まったのか。私たちは、北澤楽天や岡本一平が始まりだと考えています。実は、大英博物館は北澤楽天（一八七六～一九五五年）や岡本一平（一八八六～一九四八年）の作品を彼らの生前に多数購入しています。その多くは現在、大英博物館から別れた大英図書館が所蔵しています。河鍋暁斎（一八三一～一八八九年）は、私たちはマンガ家とは考えていませんが、すでに一八八〇年代に没入感のある立派な作品を描いています。展示では、河鍋暁斎と『バガボンド』の井上雄彦先生の作品を並べた展示も試みました。暁斎と井上先生は、作品が似ているわけではないのですが、毛筆の使い方に注目するとさまざまな比較ができると思います。ところで、井上先生が大英博物館にいらした際、博物館が所蔵する月岡芳年（一八三九～一八九二年）の版下絵をお見せしたら、井上先生が「マンガだ！」とおっしゃっていました。版下絵は版画が出来上がると大部分が失われてしまい、大英博物館はたまたま持っていましたが、貴重なものです。版下絵は、線や大きさなどが本当にマンガによく似ています。

イントロダクションとして、全ての出展マンガ家の紹介文をパネルで展示しました。どこで生まれたか、血液型は何か（ヨーロッパ人はあまり興味を持たないですが）、好きなこと、来場者へのメッセージ等です。現代のマンガの始まりとして、まず手塚治虫先生を紹介しました。また、できればクラシックなマンガ家を含めたいと思っていて、萩尾望都先生には、イギリスに来ていただき、ワークショップやトークにも協力していただきました。ちばてつや先生についても同様です。ちば先生にはこの展覧会のためにラグビーの絵を描いていただきました。ちょうどラグビーワールドカップの時だったからです。不思議なことに、ちば先生は日本の代表的なマンガ家であるにもかかわらず、先生のマンガはまだ英訳されていませんでした。英語以外の外国語には翻訳されていましたが。ようやく今年二〇二四年、『あしたのジョー』の五十周年を記念して、講談社から英語版が刊行されました。

絵のもつ力は外国人にも伝わりますが、ストーリー性は分かりにくいです。マンガのストーリー面に関しておそらく一番インパクトがあったのは、石塚真一先生のジャズマンガ『BLUE GIANT SUPREME』の展示だったと思います。原画やネームの展示に加えて、編集者の勝木大氏と石塚先生をお呼びして、ストーリーボードの構成や、話の作り方についてのイベントを開きましたが、これがみんな一番喜んでいたと思います。

「書店体験」のセクションでは、マンガ雑誌や単行本をおさめた本棚を設置しました。というのも、あるマンガ家が私に「マンガは展示するものではない、手で持つものだ」と言ったのです。そこでチャレンジだと思って、誰もが読めるようなスペースを作りました。単行本はさまざまな言語を用意しましたが、マンガ雑誌は日本語だけしかありませんでした。このコーナーが一番人気で、みんながそこにいて読んでいました。日本語がわからないのに、何時間も座って日本語のマンガ雑誌を読んでいたのです。この展示については、最初、大英博物館の館長は「博物館は図書館ではないのだから止めるべきだ」と言ったのですが、私たちが頑張ったところ、最後に館長も「やはり正しかった、本棚を置いたことには意味があった」ということになって、この後の大英博物館の展示ではだいたい本棚があちこちに設置されることになりました。もう一つ、本は絶対に盗まれるだろうと言われました。しかし結果、一冊も盗まれることはありませんでした。表紙がボロボロになったり、来場者が書架に戻さず、本棚の前にあった台上に置きっぱなしにするので毎朝一番に後片付けが大変だったりしましたが。

第四セクションはコミックマーケットや同人誌文化についてです。このセクションで唯一盗難があり、コミックマーケットの同人誌が盗まれました。また、クレームもありました。ずっと見ている人がいて、卑猥なドローイングがあったとか、投書が届いたりしました。大きな問題にはならずに解決しましたが。コミケ文化をあまり理解していない人にとって、撮影が許されず、セルフィーを撮らない、本当のファンだけが同人誌を買う集まりが存在するということが、驚くべきことで、インパクトがありました。

こうの史代先生の作品は、マンガは子供向けのものだと考える、マンガを知らない一般的な人たちにも、大きなインパクトを与えました。振り返ってちょっとどうだったかなと思っているのは、原画の隣に英訳を掲示したことで、だいたいみんな英訳を先に見ます。これは失敗でした。意味も確かに理解してほしいですが、やはり原画をよく見てほしいのです。原画を見ることが最も大事だと思っています。第五セクションではそのために、マンガのキャラクターの大きな絵、例えば荒木飛呂彦先生の『ジョジョの奇妙な冒険』の東方仗助の絵を壁に大きく展示して目をひき、絵の真ん中を切り抜いたところに原画を置いた展示を作りました。会場は混んでいましたが、人の偏りが少ない会場の壁際に展示することで、ゆっくり原画を見ることができるようにしました。

最後の第六セクションは「マンガを超えた表現」についてです。父である赤塚不二夫先生のマンガの擬音を用いた赤塚りえ子さんのインスタレーションを展示しました。また、地元の陶芸家と協力して、磁器でマンガを作りました。大阪在住の素晴らしいアーティストの三島喜美代さんがつくった陶器製のマンガ雑誌も展示しました。

展覧会の図録について付け加えます。海外で図録を作る時は、少なくとも半年前には完成させなければなりませんが、その余裕はありませんでした。そのため、図録が展覧会で展示している内容と一致していません。図録では、アーティストは同じですが、展覧会とちょっと違うコンセプトで考えた別の作品を入れることにしたのです。例えば、何かもう少し奥深いものや、性的な表現のもの、展覧会に入れたかったけれど入れることができなかった作品を入れました。

今回のマンガ展のまとめと、次のマンガ展のこと

マンガ展を開いて、さまざまなことが分かりました。大英博物館がもっとも驚いたのは、とても多くの来場者があったことでも、グッズがよく売れたことでもなく、普段は足を運ばない人たちが博物館にやってきたことです。特に黒人とか中近東の人です。大英博物館の来場者はたいてい白人が多く、アジア人もまあまあ来ますが、このマンガ展には、イギリスではBAMEと呼ばれる、アジア人、黒人、中近東の人々が多く来場しました。また、視覚障害を持つ人や、聴覚障害を持つ人のために開催したイベントが、とても人気でした。白黒のマンガは聴覚障害を持つ人たちにとってすごく安心できるということで、静けさを保つようにお願いした特別な列車を地方から運行してイベントを開き、大成功をおさめました。

大英博物館は、完全に歴史的な題材であったりとか、ギリシャ神話とか、そうしたテーマを選択することが多いですが、今回は全く新しい現代文化のテーマでした。大英博物館にとっては本当に大きな挑戦で、とてもいい刺激になりました。しかし、それから新型コロナウイルスのパンデミックが起こりました。博物館の運営に今後の影響があるかどうか、あるとは思いますが、どうなるかまだわかりません。

最後に、私はまた新しいマンガ展に挑戦したいと思っています。サンフランシスコのデ・ヤング美術館で、大英博物館の展示とは全く違う、「Art of Manga」という切り口で企画しています。博物館の展示ではなく美術館の展示として原画を中心にし、さらに原画の美しさや立派さだけではなく、もっと奥深く日本のマンガ産業について紹介したいと思っています。興味深いことに、一九五一年のサンフランシスコ条約調印とちょうど同じ時に、ジョン・D・ロックフェラーⅢ世と日本政府が協力して、サンフランシスコで日本の国宝展が一カ月だけ開かれたのですが、その場所に現在デ・ヤング美術館が建っています。日本文化の新しい姿を見せてくれるマンガ展は、この美術館で開催するのにふさわしいのではないかと思います。

対象のアーティストは、大英博物館のマンガ展のようなカテゴリー別ではなく、さまざまな切り口から考えて、荒木飛呂彦、尾田栄一郎、田亀源五郎、高橋留美子、谷口ジロー、山下和美、ヤマザキマリ、よしながふみの八人に絞りました。加えて、「集英社マンガアートヘリテージ」から、マンガ家とアーティストのコラボレーションの例として、田名網敬一×赤塚不二夫『TANAAMI!! AKATSUKA!!』を展示します。さらに、マンガ編集のことや、出版活字やグラビア印刷、レタープレス、Webtoonのこと、そしてさまざまな技術的革新についても展示するつもりです。この展覧会は二〇二五年秋に開催されます。大英博物館のマンガ展と新しいマンガ展を合わせれば、非常にさまざまな角度からマンガを見ることができるので、インパクトを与えることができれば良いと思っています。

マンガの原画は、実際に見ると本当に素晴らしいものです。最後に一つ言いたいことですが、大英博物館で多くの原画に接して分かったのは、保存状態が懸念される原画があるということです。特に、昔の原画に見られることとして、画にセロハンテープを貼ってしまっているものがありました。また、原稿用紙自体も経年劣化しますので、保存のプロセスを早急に始めなければなりません。そうしなければ、原画が次の世代に残りません。こうした展覧会を開くことによって、原画の人切さをもっとアピールしていきたいと思います。

ご清聴ありがとうございました。

Webtoonを読み解くキーワード
――日本およびアメリカ合衆国のマンガとの比較から

石毛弓

1　マンガという表現の多様性

わたしたちは、マンガにかこまれている。

こういっても誇張にならないのが、現代の日本社会だ。子どものころにマンガを読んだことのある人間は多いだろう。また、とりたてて興味がなく自分から手をだそうとしなくても、この手法は世の中に満ちあふれている。商品の宣伝に、市役所や病院のパンフレットに、ポスターやウェブ広告に、学習教材にと、マンガはさまざまな媒体で使われている。マンガは、わたしたちの日常生活にとけこんでいるのである。

では、いまこの文章を読んでいる人に「マンガとはどんなものかを説明してください」といったら、どのような答えが返ってくるだろう。多少なじみのある人間なら、デフォルメされたキャラクターが描かれている、セリフがある、フキダシがある、コマ割りがある、ストーリー性がある……など、さまざまな要素を挙げるだろう。このとき、答えている人の脳裏に浮かんでいるのは、それまで目にしたことのあるマンガ作品だ。そしてそれは、ほぼ日本のマンガなのではないか。

日本のアニメやマンガが世界的に人気を博しているということが社会的に認知されるようになって、すでに短いとはいえない時間がたっている。先駆けとなる短いブームをのぞくと、九〇年代後半から日本のアニメやマンガが本格的に海外で知られるようになっていった。内閣府がクールジャパン戦略を打ち出したのは二〇一〇年である。クールジャパンとは、「『食』、『アニメ』、『ポップカルチャー』、『新幹線』、『伝統工芸』、『有名観光地』など日本人が典型的に思い浮かべる魅力に限られるものではない。〔……〕日本人がクールとは捉えないものであっても、世界の人々からクールと捉えられるものはCJである」(1)とされている。ほぼなんでもありの状態だが、言い換えればアニメやそしてマンガなどは、このころにはすでに「日本人が典型的に思い浮かべる」日本の魅力だと、国内外でとらえられていたことになる。

海外での日本文化受容の例としては、たとえばフランスのJapan Expoが挙げられる。これは、日本のアニメやマンガのファンである三人のフランスの若者たちによって、二〇〇〇年にパリで開催されたイベントに端を発する。現在では国外で日本文化を紹介する世界最大の博覧会とされ、二〇二三年には四日間で二五万五〇〇〇人以上の参加者があった。展示内容は日本のポピュラーカルチャーから伝統文化まで多岐にわたるが、その中心となるのはゲームやアニメ、マンガなどだ。会場には、日本のマンガをフランス語に翻訳している複数の出版社がそれぞれの出版物を展示しているコーナーもある。また、さまざまなキャラクターに扮するコスプレイヤーも多く参加している。

日本でマンガが親しまれてきた、さらに海外でも日本のマンガが人気である。こういった傾向から、マンガは日本独自のものである、海外のマンガ作品はすべて日本の影響を受けたものであると信じている人間もいるという。だが当然ながらそんなことはなく、世界には「マンガ」というカテゴリーに属する多様な創作物が存在している。日本のマンガが数多くの国で楽しまれ、量においても内容の多彩さにおいても世界のトップクラスであることに疑念をさしはさむつもりはない。とはいえ身近に日本のマンガがあふれかえっているからこそ、それ以外の形式のマンガがあるということを普段わたしたちは意識していないともいえる。

マンガは娯楽であり、またすべてを読むのが不可能な量の作品が国内で日々発表されているのだから、日本以外のマンガ作品をわざわざ読むことはない。そう思うかもしれない。プロになるならともかく、いやプロの作家だとしても、わざわざ海外のマンガについての知識を得る意味はない。そう考えるかもしれない。たしかに一理ある意見かもしれないが、日本のマンガが世界的に展開している昨今、日本で慣れ親しんできたものとは異なる特徴をもつマンガが世界にあることや、他と比べたうえでの日本のマンガの独自性を知ること、つまり客観視し分析することはこの分野の今後を考察するうえで有用だろう。こういった考えから、筆者はヨーロッパやアメリカ合衆国、そしてアジア圏におけるマンガについてこれまで調査を行ってきた。

さて、最近になってこのマンガという表現形式に新しい手法が加わった。それがWebtoonである。縦スクロールマンガ、縦読みマンガとも称されるこの表現形式は、二十一世紀以降に盛んになったものだ。本論では、Webtoonには固有の特徴があると仮定し、それがなにかを考察する。最初は、日本のマンガおよびアメリカ合衆国のマンガの特徴を挙げ、それらとWebtoonとを比較する。次に、Webtoonが登場した背景について、おもに韓国のＩＴ事情と経済の面から探る。最後に読者の消費形態について、デジタル・プラットフォームの利用動向、およびスナックカルチャーという概念との関係からみていく。Webtoonの台頭から四半世紀ほどがたったいま、この表現が従来のものとどう違うのか、またマンガを読むという体験がどのように変化したのかを探るのが本論の目的である。

2　日本・アメリカ合衆国・韓国のマンガの特徴

1　近代の物語マンガの定義

Webtoonは、マンガという分野に属する表現形式のひとつである。その特徴を明らかにするのが本論の目的だが、そのまえに「マンガ」ということばをどのような意味で用いるのかを明らかにしておこう。まず、ここで言及するマンガとは基本的には近代以降の物語マンガに分類されるものであり、マンガの前身とされることもある洞窟壁画や中世の絵巻物などは含まないものとする。こうしたマンガ観は、たとえばイタリアのルッカ市で一九九三年に開かれた国際コミックス大会（現「ルッカ・ゲーム&コミックス」）では、「物語漫画（コミックス）の定義はなにかが問題になるが［……］①コマが連続し、②セリフは画面のなかの吹きだしにはいっていること、などが主張された（画面の下に説明文がつくと、物語漫画というより絵物語になってしまうからだ）(2)」とされている。またマンガ研究家のスコット・マクラウドは、「意図的な連続性をもって並置された絵やその他のイメージ。見る側に情報を伝えたり、美学的な反応を引き起こすことを目的としている(3)」と述べている。作家で翻訳家のフレドリック・ショットは、近代における物語マンガは「ストーリーを語るために、文字の入ったフキダシをともなう連続したコマ群で構成された頁(4)」という形態をとるとする。これらを参考に、本論でいうマンガとは、絵やコマ等に意図された連続性があり、基本的にはフキダシに入ったセリフがあり、読み手になんらかの情報が伝達されたり刺激があたえられたりするものであるとしよう。

このような近代マンガの始まりは、先のルッカでの大会では、アメリカ合衆国の新聞マンガの主人公「イエロー・キッド」（一八九六）であるとされた。もしくは、スイスの教育者であるロドルフ・テプフェール（一七九九～一八四六）をコマを割ったマンガの先駆者だとみなすむきもある。どちらの説をとるにせよ、近代マンガの始まりは十九世紀半ばもしくは末だとされている。補足すると、この定義における日本のマンガは、アメリカ合衆国の新聞マンガの影響を受けて十九世紀末に登場した。本論では、「マンガ」という単語を前述の定義にあてはまるすべての作品に適用する。そのため以降は特定の国や地域（たとえば「日本」）の作品の場合は、その国名や地域名とともに記すこととする（たとえば「日本のマンガ」）。

世界には、マンガにあてはまるさまざまな表現がある。たとえばアメリカン・コミックスは、アメリカ合衆国で生産されている作品群を指す。バンド・デシネは、ヨーロッパのとくにフランスやベルギー、オランダを中心に創作されるマンガで、幼い子ども向けからおとな向け、単純明快なストーリーから文学性に富む抽象的で複雑な内容まで多様な作品がある。韓国ではマンファ（manhwa）、中国ではマンホア（manhua）がマンガを指す語として使われており、これらは日本のマンガに影響を受けている部分が大きい。フィリピンやインドネシアのコミック（komiks）やインドのチトラカター（chitrakatha）は、アメリカン・コミックスのスタイルをモデルにしている。近年では、アフリカ諸国でもマンガ作品が創作され出版されている。これら多彩なマンガの中から、ここでは世界的に親しまれている日本のマンガとアメリカ合衆国のマンガをとりあげたい。そしてこれら二種類のマンガとWebtoonとを比較し、どのように類似しているかまたは異なっているかをみていこう。

マンガ作品を比較する場合、その対象となるものはテーマやストーリー、その歴史、作者や読者、経済、流通、政治などさまざまだが、ここでは主としてその表現形式に着目したい。これがWebtoonと他のマンガを分ける大きなポイントのひとつだと考えるからだ。さらに表現形式のなかでも、マンガを読む際にまず目に入る画面の構成やサイズ、配色などに焦点を当てることとし、マンガの描き方の詳しいテクニック等をとりあげるのではないことを断っておく。また、以降で特徴として挙げるのはこれまでの主だった傾向であり、そこに含まれないパターンも当然ある。

2　日本のマンガの特徴

日本のマンガは印刷物として発行されることを前提としており、表現形式はそれを強く意識したものになっている。最近はデジタル・デバイスで読まれる、つまり紙以外の媒体に掲載されるケースも一般的になっているが、それでも日本のマンガ作品の主流は紙をベースとした従来の作画法を踏襲している。したがって作品は一頁単位もしくは見開きの二頁単位で構成され、絵やコマ、フキダシの配置等もそれを前提としている。また、日本のマンガで特徴的なのは文字の方向だ。セリフなどは縦書きであり、それにともなって雑誌や書籍は右から左に向かう右開きになっている。マンガを読みやすくしたり興味を惹くために、画面上に焦点を複数おいて読者の視線を誘導する技術があるが、この視線誘導も縦書き（上から下）と右開き（右から左）という性質に配慮したものになっている。なお作品をデジタルで読む場合、たいていは一頁で表示するか二頁で表示するかが選べるが、いずれにせよ単位が頁であることに変わりない。

日本のマンガの例として、**図1**をみていこう。これは二頁見開き構成で、中心の破線が頁の境界になっている。読者はセリフや、キャラクターの顔および目のあたりに注目して読み進みやすいとされている。それを丸と実線で示した。丸は視線が留まりやすいポイント、実線は視線が動く方向になる。**図1**では、迫力をもたせたい大ゴマを二頁にわたって配置している。実線は、一コマ内では右から左へ、コマ間では上から下に向かうように計算されている。なお、もしこの画像をデジタル配信で一頁単位で表示したなら、破線の部分で画面が途切れることになる。この場合、分断された大ゴマが全体としてどんな絵なのかがわかりにくく、さらにもしこの一コマ内で両頁にセリフがあったなら読解に混乱を招きやすい。こういった点から、**図1**は見開きの紙媒体で読まれることを念頭においた作画であることがみてとれる。

日本のマンガの印刷物は、雑誌ならB５版、単行本であれば新書判から四六判のあいだというのがよくあるサイズだ。昔の作品を再版する際などに文庫本の版型がとられることもあるが、制作時の絵や文字は文庫本ではなく前者のサイズに合う大きさで計算されている。色はモノクロだ。これは、近代日本マンガの黎明期に出版および制作のコストを抑えるためにとられた手法が続いているからだといわれている。キャラクターや物、建築等の輪郭は線で表され、塗りやグラデーションなどは効果表現として利用される。また表現形式というカテゴリーから外れるが、一つの作品は一人のマンガ家が

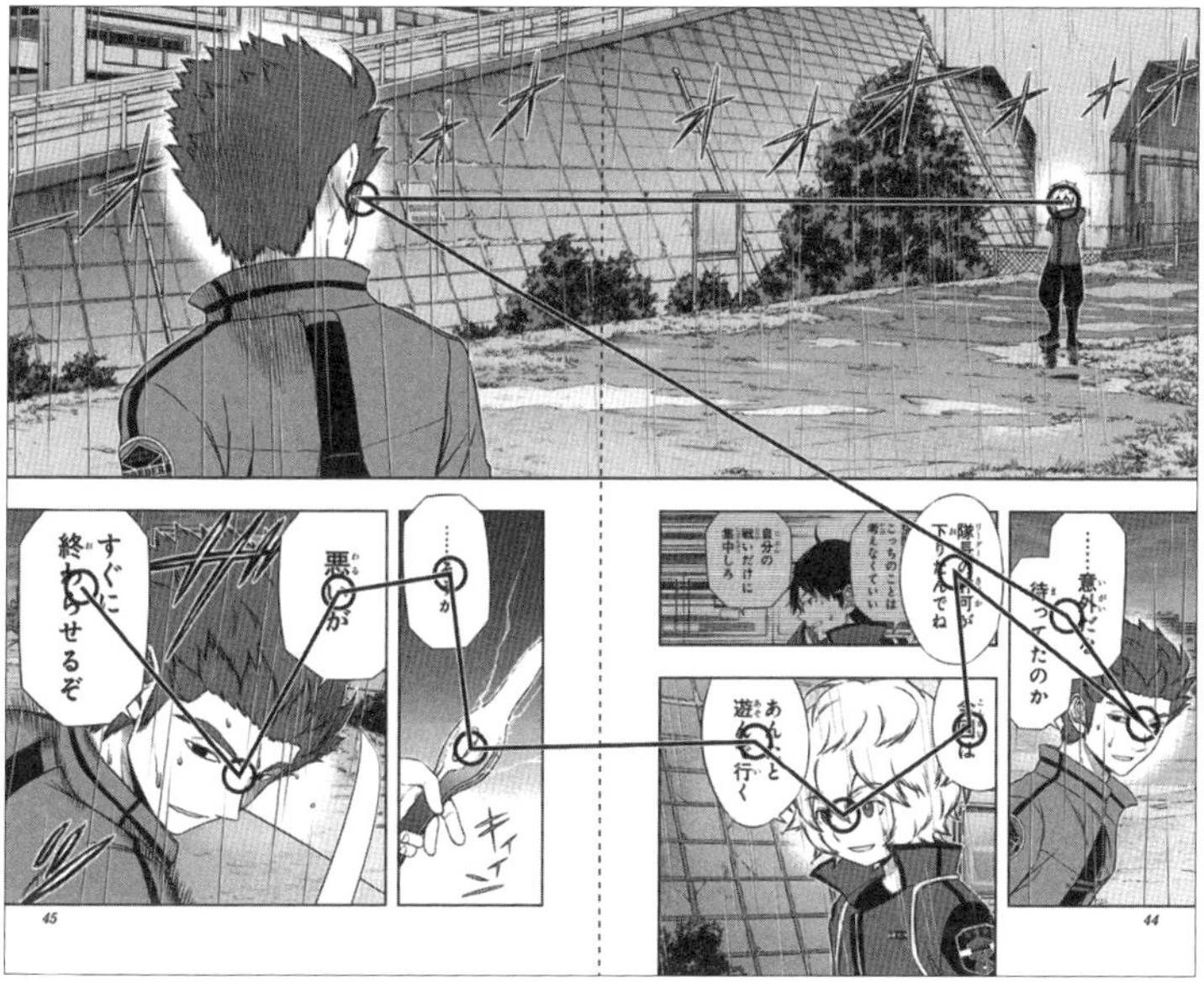

図１　『ワールドトリガー』12 巻，44-45 頁　© 葦原大介／集英社

描くことが大半だ。作画を助けるアシスタントやストーリーを受けもつシナリオ担当者がいる場合でも、絵コンテやペン入れ、背景、彩色など作業ごとに専門家がいて分業するケースはまれである。

3　アメリカ合衆国のマンガの特徴

次に、アメリカ合衆国のマンガの場合をみていこう。アメリカン・コミックス、通称アメコミと呼ばれるこのジャンルもまた、紙媒体で出版されてきた歴史をもつ。アメコミの印刷物は、コミック・ブックまたはリーフとよばれる。B５版で、中綴じ、一冊が三十頁前後の薄さで、作品および数頁程度の広告などが載っている。これは日本でいうマンガ雑誌とは異なり、一冊につき一タイトルのみ掲載される。日本のマンガでいえば連載作品の一話分のみが単独で出版されるようなもので、一冊で完結する読み切り作品というわけではない。人気があるものはレギュラー・シリーズとして月に一回程度発行される。後日、おなじタイトルのものが七冊前後まとめられ、トレード・ペーパー・バックといういわゆる単行本として出版されることもある。一九三三年に刊行された八頁の『ファニーズ・オンパレード』がこの形態の出版の始まりとされており、これは新聞の連載マンガの再録だった。また、いまでいうスーパーヒーロー物としてのアメコミは、DCコミックス社が発行した『Action Comics』第一号の『スーパーマン』（一九三八年）であり、翌年には『バットマン』も発刊されている。ちなみに、こういったコミック・ブックはコミック専門店などで販売され、日本とは違って一般の書店には流通していない。

印刷物として読まれるため、アメコミも日本のマンガとおなじく一頁または見開き二頁単位で構成されている。文字組は横書きで、読む方向は左から右の左開きのかたちとなる。またアメコミの紙面は、モノクロが皆無とはいわないが通常はフルカラーだ。制作スタイルはパートごとの分業制で、ストーリーを作るライター、作画を担当するペンシラー、ペン入れをするインカー、彩色をするカラリスト、文字や擬音を入れるレタラーなどに分かれている。これらのうち複数の作業を担当する者をアーティストと呼ぶ場合もあり、またクレジットにはプロデューサーの名前が入ることが多い。

先にアメコミはアメリカ合衆国発のマンガを指すとしたが、これまで述べてきたのは主人公が超人的な力で敵と戦ういわゆるスーパーヒーロー物に属するコンテンツについてである。スーパーヒーロー物の主な出版社はDCコミックスとマーベル・コミックスで、前者はスーパーマン、バットマン、シャザム、ジャスティス・リーグ、後者はキャプテンアメリカ、アイアンマン、スパイダーマン、X－メン、アベンジャーズなど数多くのヒーローやその集団を生み出してきた。これらのなかには、現在はアメコミとしてより実写映画として名が知られている作品も多い。他方、こういったスーパーヒーロー物に属さない作品群もある。オルタナティヴ・コミックスやインディペンデント・コミックスなどと呼ばれるもので、しばしばおとな向けだったり大衆向けではなかったりと、より個としての作家性が強い内容であることが多い。ただし、ある作品がコミック・ブックにあたるのかオルタナティヴ・コミックスにあたるのかは、明確に線引きできるものではない。

このように文字で読むとわかりにくいかもしれないが、日本のマンガ雑誌あるいは単行本とコミック・ブックを手にとってみれば、違いは一目瞭然だ。紙の質感、色、厚み、作品を読み進める方向など、両者は多くが異なっている。そしてまた「マンガである」という点において、おなじカテゴリーに属しているといえるのである。両者の共通点の一つは、紙媒体で読まれることがベースになっているということだ。そして、この部分に新しい切り口をもたらしたのがWebtoonなのである。

4　Webtoonの特徴

Webtoon は Web と Cartoon（マンガ）を合わせて作られた造語で、もともとは韓国発のマンガを指していた。その成り立ちについては後でふれるとして、Webtoon 作品はデジタル・デバイスで閲覧されることを想定して制作されている。ユーザーがインターネットなどにある情報にアクセスするために用いるデジタル・デバイスは、スマートフォンやタブレット端末、ラップトップパソコン、デスクトップパソコンなどさまざまだ。そして Webtoon は、なかでもスマートフォンで読まれることが前提とされている。スマートフォンは世界中に流通しているモバイル端末で、ちょっとした空き時間に手軽にさまざまな情報にふれることができる。このことが Webtoon におよぼした影響は大きい。なお注意しておきたいのは、作品がデジタル配信されるという部分だけをもって Webtoon の特徴だといっているのではないという点だ。マンガ作品にアクセスする媒体がデジタルであるというだけなら、電子書籍化された従来の日本のマンガもおなじようにアプリやウェブサイトで読むことができる。しかし本論では、デジタル化されたマンガ作品すべてがWebtoonであるとはみなさない。その理由を次で述べよう。

Webtoonでは、コマとセリフを中心にストーリーが進められる。この点は他の国や地域のマンガと同様だが、Webtoonではとくにセリフの役割が大きいとされる。さらにスマートフォンの画面をベースとして制作されることが、紙媒体とは異なる表現形式をとらせている。まず、Webtoonは従来のような頁という概念を必要としない。たしかにWebtoonを表示した際、一スクロールごとに頁数のように数字が示されるが、これを紙媒体のマンガにおける頁とおなじ概念としてあつかうことはできないだろう。たとえば、一スクロールの範囲で読めるのは一コマから二コマ程度だ。日本のマンガの一頁が四〜六コマ程度で構成されていることと比較すると、得られる情報量には格段の差がある。またこのあと述べるように、紙の頁にははっきりした境界があるが、スマートフォンの画面は一スクロールごとの明確な区切りをもって読まれるわけではない。

大きなコマで表現したい場合、日本のマンガもアメコミも見開きで二頁にわたる横長の表現になるが、Webtoonは縦に長くなる。そのためアクションで迫力をもたせたいときなどは、一コマが何画面にもまたがるような長い縦画面でみせる表現がとられる。もしくは縦方向で表現しにくい場合は、横長の絵を九〇度回転させて縦にすることもある。当然ながら、読み進める方向は上から下だ。フキダシは、画面の流れにテンポをもたせるため左右に振り分けて配置されることが多い。また現在の韓国語はほとんどが横向きに書かれており、Webtoonもその例外ではない。そのためフキダシの配置は左側から始まることが多く、紙媒体ならこれは左開きに相当する。さらにデジタル配信ならではの仕かけとして、まれに話の中で音が流れることがある。

Webtoonについて**図2**、**図3**を使って解説しよう。**図2**の横幅がスマートフォンの画面の横幅に相当する。ストーリーが上から下に展開しているのがひとめでわかるだろう。太線の枠で示しているのが、機種によって比率が変わるものの、おおよそスマートフォンの一画面でみることができる範囲になる。点線の横線は一画面を八分割した場合で、縦線は中心線だ。読み進める際、読者は画面を下に向かってスクロールしていくが、**図2**の一つの枠から次の枠に完全にスライドさせるわけではない。閲覧者の視線は画面の中央に集中しがちなため、たとえば枠①から枠②に移る際には、まずC~Eのセリフに目が留まるだろう。そのためスクロールするとき画面の最上部がいきなり枠①から枠②になるのではなく、セリフを含むB~Iあたりが一度視野に収められ、次にキャラクターの顔、とくに目が配置されている部分を中心に画面②（E~L）に注意が向けられる。フキダシは、左から右に流れるかたちで振り分けられている（**図3**）。色は、実際にはフルカラーである。

ちなみに、多くのWebtoonが日本語や英語、中国語などに翻訳されている。日本のマンガがアメ

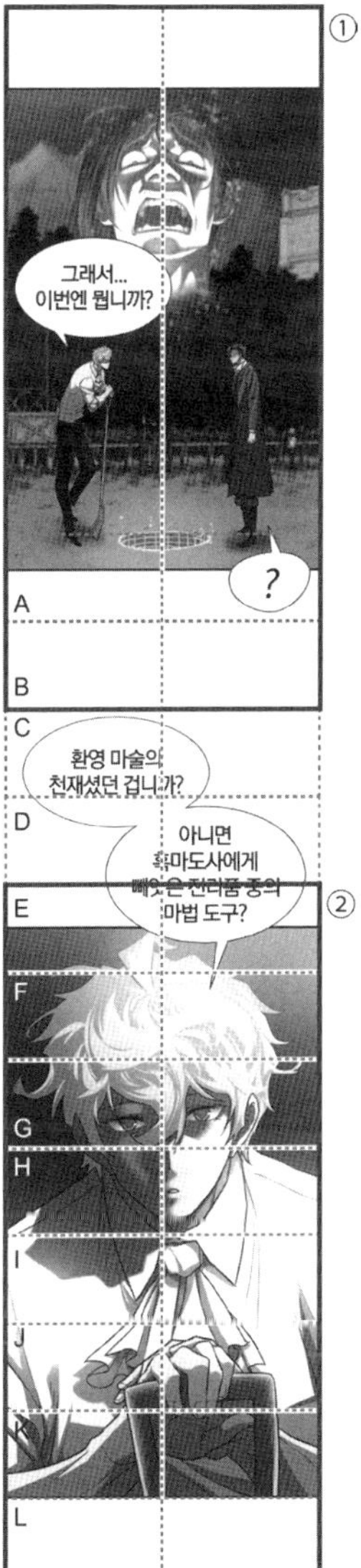

図2　『史上最高の領地設計士』75話（韓国語）

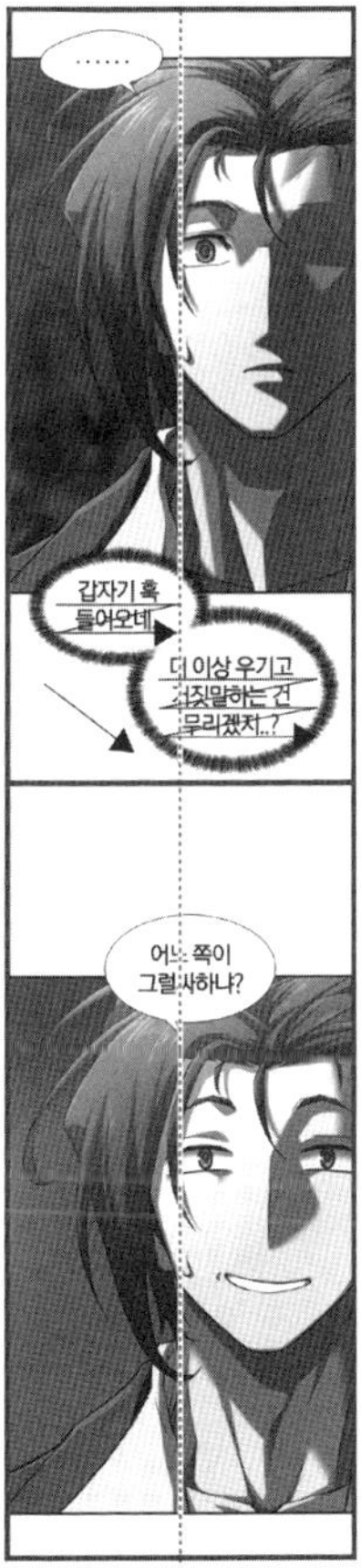

図3　フキダシとセリフの流れ

リカ合衆国で翻訳された当初、出版物は合衆国のスタイルに準じて改変された。たとえば右開きから左開きに変えるために、画面は左右が反転された。モノクロがフルカラーに着色され、セリフは縦書きから横書きにされ、それにともないフキダシのかたちや位置などが変えられた。現在は、日本で出版された形態にできるだけ近いかたちで読みたいという読者の声を反映して、海外で出版される際に絵が左右反転される（そのせいで、たとえば右利きのキャラクターが左利きになる）ような極端な改変はあまりない。では紙で出版されていないWebtoonの場合はといえば、日本語に翻訳される際に画像が左右反転されるといった極端な変更はない。ただ書き文字が縦書きになるため、フキダシの始まりの位置が左から右になることがある。これは紙の出版物であれば左開きと右開きの違いに相当するといえるだろう。またフキダシのかたちやコマ間の空白などが変わることもあり、それによって背後の絵の見え方が異なる場合もある。

図4、**図5**は**図2**、**図3**の日本語訳だが、細かな点で修正が入れられているのがわかる。**図5**の矢印線はセリフを読む向きだが、**図3**とくらべると先のセリフの矢印が次のセリフの起点につながりやすいようフキダシの位置が変えられていることがわかる。もし**図5**のフキダシの位置が原作のままであれば、❶のセリフの終わりがフキダシの左端にきて、❷のセリフの始まりがフキダシの右端にくるため、視線の移動がスムーズではなくなる。こういった左右への配慮はすべての翻訳においてみられるわけではないが、**図5**はそれを行っている一例である。さらに日本語訳では、キャラクターの名前が

図4 『史上最高の領地設計士』75話（日本語訳）

図5 フキダシとセリフの流れ

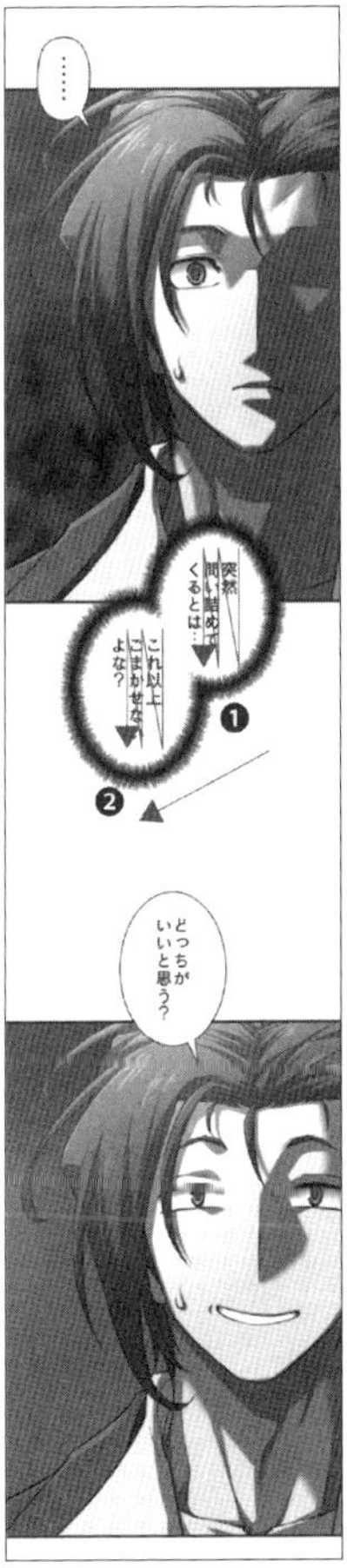

韓国名から和名になったり、舞台が韓国から日本にされることもある。引用したマンガでは、主人公の本名は原作では김수호（キム・スホ）だが、日本語訳では山瀬大河になっている。こういった名前や国籍、地名のローカライズは、日本のマンガやアニメが海外で翻訳される際にも生じることがある。

次に制作スタイルをみよう。Webtoonは、初期は一人の作家がすべての工程を手がけていたが、現在はストーリーやネーム、線画、カラーリング、効果などの工程を専門スタッフたちがチームとして担うスタジオ方式や、作家の代理として契約を結ぶエージェンシーを雇用するなど、仕事内容により分業するケースが多くなっている。作品は連載のかたちをとり、一週間ごとに一話が掲載されるのが一般的だ。紙の雑誌であれば一話は三十二頁のように頁数の決まりがあるが、Webtoonではそこまで厳密な縛りはない。この点もデジタル媒体と印刷媒体の大きな差であるということができる。

売り方は、旧来の日本のマンガであれば、まず異なる作者による複数の作品が一冊の内に混在するマンガ雑誌として発売され、その後人気があれば同タイトルの連載話がすべて集められた単行本のかたちで出版される。アメコミは、先に述べたように一冊につき一話のみが載るコミック・ブックとして発行される。複数のコミック・ブックがまとめられて単行本化されることもあるが、その際に同タイトルの全連載話が集められるわけではなく、一部だけの場合も多い。Webtoonは、連載の一話単位で課金されて読まれることが基本だ。その後、連載話がまとめられて電子や紙の書籍にされることはあるが一般的とはいえない。なおWebtoonが書籍化される場合は、縦長の画面がそのまま収録されるのではなく、コマ単位でバラして紙ベースのマンガのフォーマットに則った頁単位に再構成される。このため、書籍になることをみこして最初から両方に対応できるコマ割りになるよう計算されていることもある。

ここまでの内容をまとめると、Webtoon はデジタル配信に特化したかたちで制作されるため、紙媒体の場合とは異なる制約の下にある。そのため従来の書籍における頁という単位ではなく、デジタル・デバイスの画面と縦スクロールという概念が導入された。またコマの割り方にも、画面の大きさや読み進める方向に即した独自性がある。Webtoon が、単に既存のアナログマンガ作品を電子化したのものや、フルカラーであるというだけであれば、日本のマンガやアメコミと比べて特筆すべき部分があるとはみなされなかっただろう。しかしデジタル化かつモバイル端末を意識した作品設計であるということが、マンガという分野おける Webtoon の新しさとなったのである。次の節では、この手法がどうやって生まれたのかという背景についてみていこう。

3　「韓国社会のＩＴ化」と「二つの危機」

Webtoon の特徴をそなえた作品は、現在では複数の国や地域で生産されているが、そのルーツは韓国である。この国で Webtoon が始まった大きな理由のひとつに、韓国では人びとがデジタル情報にアクセスする手段が比較的早い段階で普及していたということが挙げられる。九〇年代後半から、韓国政府はＩＴ先進国となることを強く推進してきた。一九九九年に発表されたCyber Korea 21では、情報通信のインフラ整備、情報インフラの活用による生産性の向上、新規事業と雇用の創出が掲げられ、二〇〇二年までに世界で十位以内の情報先進国になることが目標とされていた。結果、ブロードバンドの普及へのまい進もあり、一九九八年から二〇〇一年の三年間でインターネット利用者数は三一〇万人から二四三八万人へ、ブロードバンドを利用する世帯は一万四〇〇〇世帯から七八万世帯へと急増した。[5][6]インターネットの普及率は五六・六パーセント（二〇〇一年）であり、この時点で国民の半数以上が利用していることになった。ちなみに同年の日本は四四・〇パーセントである。[7]この韓国の状況は当時の世界第六位、アジア圏内では第二位であり、二〇〇二年までに十位以内という目標を一年先倒しで達成したかたちになる。

二十一世紀が始まるころには、韓国では多数の人びとが高速かつ大容量通信の回線でインターネットにアクセスすることができていたのである。この隆盛は、さまざまな政策や試みによって後押しされた。たとえばＰＣ房《バン》はブロードバンド・インターネット接続された何十台ものコンピュータが設置された場であり、人びとは時間に応じて料金を払って利用する。韓国内のＰＣ房《バン》の数は二〇〇〇年十二月の時点で約二万一〇〇〇軒で、一九九九年末の約一万五〇〇〇軒と比べると四一・六パーセントという急激な増加率をみせた。[8]ＰＣ房《バン》の使い方だが、日本のインターネットカフェを想像するかもしれないが、ここにはフリードリンクなどの喫茶機能やマンガ本の配置はない。飲食をすることはできるが、利用者の大半はコンピュータを使うため、しかもメールのチェックやネットサーフィンではなくオンラインゲームをプレイするために訪れる。ゲーム目的の利用者は全体の七〇パーセントであり、とくに男子学生においてはその九一パーセントがオンラインゲームのために訪れる(9)(二〇〇〇年)。このPC房《バン》での体験が、韓国におけるブロードバンドの普及に役立ったといわれている。つまり韓国では、二〇〇〇年前後にはインターネットを使って比較的安易にマンガ作品をアップロードしたり閲覧する環境が整っていたのである。

歴史を少し遡って、Webtoonが台頭する以前の状況を簡単にみてみよう。韓国のマンガを指すマンファは、二十世紀初頭の新聞紙の風刺画や四コママンガにその始まりをみることができる。その後、「一九四〇―一九六〇年代には児童漫画、一九七〇年代には明朗漫画(日本の子供向けギャグマンガに当たる)や成人劇画などが次々と花開くことで、韓国の漫画市場は築かれてきた(10)」という。また一九五〇年代には日本のマンガが韓国に流入した。以後、日本からの輸入を禁止する時代があったりそのために日本のマンガ作品の海賊版が出回ったり、八七年の民主化によって輸入禁止が撤廃されたりと政治情勢のあおりは大きかったが、総体としてマンファは日本のマンガの影響を受けてきたといえる。無論、この当時の媒体は紙である。そして九〇年代以降、マンファ専門誌の登場や貸本屋の普及、マンファ産業の発展やそれに関連した博覧会の開催、大学や専門学校でのマンファ科目の設置など、韓国のマンファ文化は興隆していく。しかし、一九九七年に二つの危機が訪れた。

一つめの危機は青少年保護法で、これは青少年を有害な環境から保護し、正しく健全に成長することを目的として公布された。設置された委員会は、青少年に有害であると判断した創作物を回収したり破棄する行政命令を発することができる権限をそなえていた。マンファ作品もこの規制の対象であり、有害作品のリストが発表されたり、作家らが起訴や逮捕されたりといった事態が生じ、業界全体が自主規制を強めていった。その結果、マンファ作品の多様性が失われ、韓国のマンファ文化全体が委縮していくことになる。

二つめの危機は韓国内だけに留まらないもの、世界規模で経済に深刻な打撃をもたらしたアジア通貨危機だ。タイの通貨が大幅に下落したことを受け、とくにインドネシア、マレーシア、韓国をはじめとする東アジア各国の金融市場に深刻な混乱が引き起こされた。この通貨・経済危機はアジアだけでなく、ロシアや中南米にまで悪影響をおよぼした。韓国政府は国際通貨基金から金融支援を受けるために、緊縮財政・金融政策、金融部門の再構築、企業や金融機関の短期資金への依存体質の改善といった構造改革にとりくんだ。(11) 一九九八年の韓国のGDP成長率はマイナス六・七パーセントになり、企業の倒産やリストラが相次ぎ失業率が増加した。この状況を打破するために韓国政府が積極的に推し進めた政策の一つが、先に述べたIT化社会の促進だった。

この通貨危機により、出版業界は大きなダメージを受けた。多くの印刷会社や出版社が倒産し、出版物の量は落ち込み、また人びとはマンファという娯楽に金銭を費やすゆとりがなくなった。韓国ではマンファは購入するよりも借りるものという意識が強く、多くのマンファの貸本屋が存在していた。こういった貸本屋は基本的にはその場で読む方式をとっていたが、この時期にマンファ本を店外に貸し出すレンタル方式の貸本屋（貸与店）が登場した。[12] 貸与店の数は、いったんは急増したものの、「一九九八年には一万一千カ所を超えていた漫画のレンタルショップは、わずか二年の間に六千カ所へと半減、〔……〕二〇〇〇年代中頃にはもはや町で見かけることすら[13]」なくなったという。韓国のマンファ文化は当時の経済状況に大打撃を受け、出版されるマンファの作品数は激減した。Webtoonの台頭は、この時代背景と密接に結びついている。アジア通貨危機は、マンファ文化存続の危機でもあったのだ。

当時、韓国の出版業界が受けた損害のせいで、既存のマンファつまり紙に見開き二頁単位で描かれた作品をスキャンしてアップロードすることも行われていた。しかしマンファの表現方法は、すぐWebtoonにとって代わられるようになる。Webtoonといえる作品が登場し始めたのは一九九〇年代後半になるが、その最初のものはデジタル配信の新聞連載マンファというかたちをとった。また、そうではない形式で作品をウェブサイトにアップロードし始めたのは、プロとして活躍していた作家たちではなくアマチュアたちだった。ここでいうアマチュアは、出版社等と契約して原稿料が発生するかたちで作品を制作するのではなく、無償で描いて発表するスタイルを指す。こういった作品は自分の日常生活を描写した日記風のもの、いわゆるエッセイマンガが大半であり、作家個人のウェブサイトなどで公開された[14]。

黎明期にはエッセイマンガが主流だったWebtoonだが、現在は総話数が二桁や三桁にわたるストーリーマンガが大半を占める。この変化には、Webtoonを閲覧する媒体としてのデジタル・プラットフォームが大きな役割を果たした。一般的にデジタル・プラットフォームとは、インターネットやデジタル技術などを活用してさまざまなシステムやサービスを提供する基盤や環境のことであり、コンテンツ配信サービスもこの中に含まれる。当初Webtoonの配信における最大手のひとつだったDaum（現在の株式会社Kakao）は、最初はニュースサイトの一環としてエッセイマンガや時事マンガをあつかっていた。しかし二〇〇六年の改組によって、より物語性のあるWebtoonを発信するサービスを始めた世界初の企業となった。またNaverは比較的あとからこの分野に着手した企業で、同サービスに二〇〇八年から参入した[15]。そして現在、最大のWebtoon閲覧者数があるといわれるまでに成長した。株式会社KakaoもNaverも総合ＩＴ企業であり、Webtoonはその事業のひとつに位置づけられている。これらの企業が提供するWebtoon関連のデジタル・プラットフォームでは、プロだけでなくアマチュアの作品も広く募集しそのすそ野を広げていった。

初期のWebtoonが個人のウェブサイトにアップロードされていたのは先にふれたとおりだが、そこでは作者と読者の親密なやりとりが派生することがあった。感想を送ったり、電子掲示板などで作者と読者や、読者同士の交流が生まれたりといったことが頻繁に起こっていたのだ。この作者と読者の垣根の低さもまたWebtoonの特徴だといえる。もちろん紙媒体でも感想を送ることはあるが、雑誌にせよ書籍にせよ作品を仕上げてから読者の目にふれるまで、印刷や製本、流通の過程があるため日数がかからざるをえない。しかしデジタル配信の場合、とくに自分のウェブサイトにアップロードするのであれば、描き終わるのとほぼ同時に公開することもできる。アップロード直後にコメントがよせられれば、作者はリアルタイムで読者の反応を知ったり、それを（良し悪しはあれ）いちはやく作品に反映させることができる。また、作者は読者に簡単に直接返信できる。この作者と読者の即時的コミュニケーションは、発表の場が企業による配信になってもある程度継続している。Webtoonを掲載しているアプリでは多くの場合連載作品の一話ごとに投稿欄があり、読者が自由に感想を書きこめるようになっている。ときには作者がその掲示板に自分のコメントや情報を掲載することもある。現在は、ＳＮＳでの交流や情報発信も盛んに行われている。作者と読者の比較的密な関係は、掲載場所が個人のウェブサイトではなくなっても続いているといえるのである。なおＳＮＳなどを通じた交流や情報発信は、現在ではWebtoonだけでなくさまざまな国や地域のマンガ産業で精力的に行われている広報手段となっている。

Webtoonがどのように生まれ、人びとに読まれるようになっていったのかを簡単にみてきた。Webtoonの誕生には、韓国がＩＴ先進国をめざして政策の舵を切ったことが影響している。九〇年代末という時期に、作者も読者も気軽に高速インターネットにアクセスできる環境が準備されていたことが Webtoon が広がる大きな要因となった。なお、ブロードバンドが普及していても、デジタルデータ化されたアナログのマンファは当時の技術ではまだ読みこみに時間がかかり、Webtoon とは違って閲覧する際にはストレスがあった。こうしてデジタル時代に特化したマンファの表現形式が、Webtoon というかたちで花ひらいたのである。さらに、技術面に加えて経済的な問題もあった。アジア通貨危機がなければ、Webtoon の広がりは異なる展開をたどったかもしれない。技術と経済、また政治や社会の動向は、Webtoon のありように直接的あるいは間接的に深くかかわってきたのである。

4　読者の動向とスナックカルチャー

1　日本・アメリカ合衆国・韓国でのマンガの読み方

マンガには、描き手がいて読み手がいる。では Webtoon は、読み手にどのように消費されているのだろうか。この点を、読者の動向と消費形態の二つの面からみていこう。表1〜4は、日本、アメリカ合衆国および韓国でのマンガに関する調査結果である[16]（MMD研究所の調査をもとに筆者作成）。回答者の属性は、日本、アメリカ合衆国、韓国のいずれかに在住し、年齢が二十歳から三十九歳のあいだで、半年に一回以上はマンガを読むかアニメを見る人間である。回答者数は、日本が六七一人、アメリカ合衆国が五六八人、韓国が五七六人で、男女比はどの国も男性が五〇パーセント前半、女性

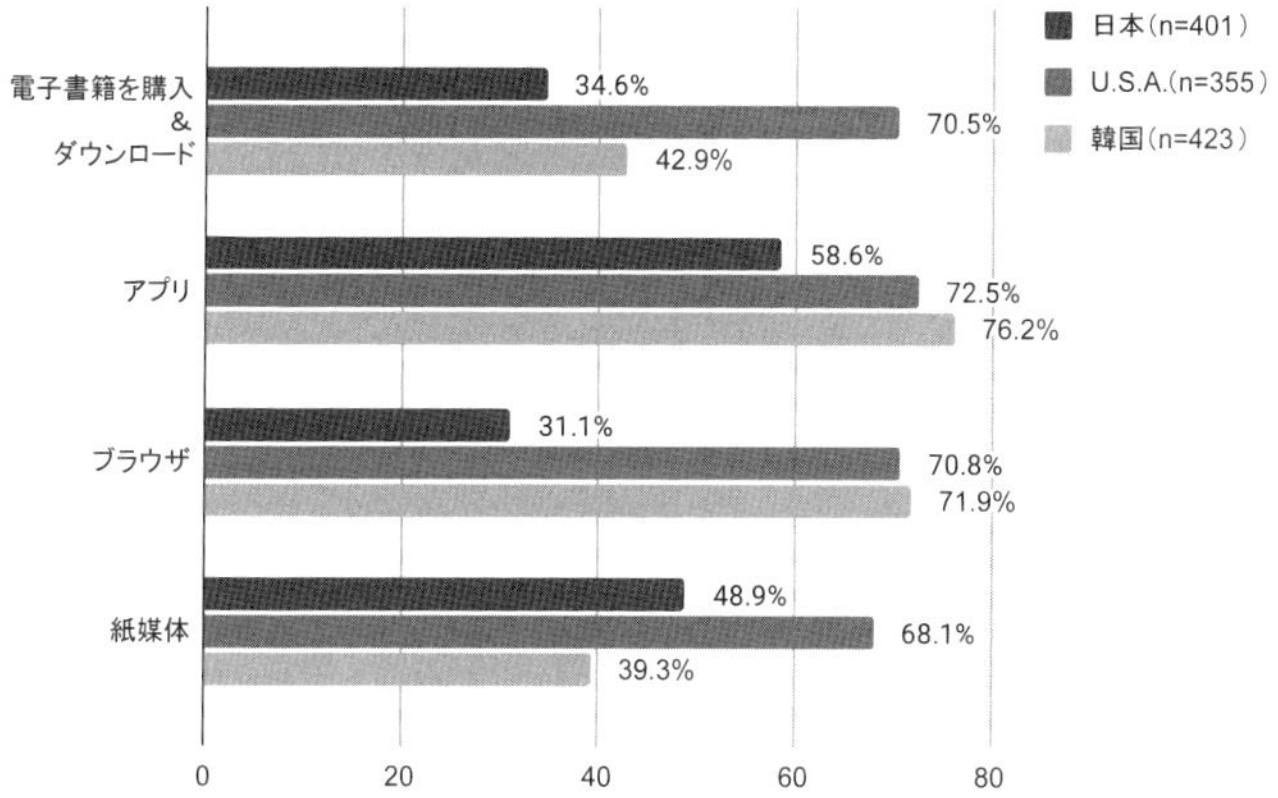

表1　マンガを読む方法（MMD研究所調べ）

が四〇パーセント後半だ。

マンガを読む方法では、どの国もアプリを利用する人間がもっとも多く、なかでも韓国は七六・二パーセントと高いパーセンテージを示している（**表1**）。韓国の次点はブラウザでの閲覧、その次が電子書籍であり、マンガはデジタルで読まれるものとなっていることがうかがえる。日本では、アプリの次は紙媒体で読む人間が多い。アメリカ合衆国はどの手段でも高い回答率を示し、四つの手段のなかでは紙媒体のパーセンテージがもっとも低いものの、他二カ国ほどの大きな差はみられない。なお韓国での紙媒体利用率の低さは、同国における紙の出版物の市場規模が小さいことを考慮すべきかもしれない。

マンガの閲覧にはアプリがもっともよく使われていることがわかったが、ではユーザーはどのマンガアプリをよく利用しているのだろう。各国の上位三位を示したのが**表2〜4**である。三カ国をみわたすと、Naver関連のアプリ（LINEマンガ、WEBTOON、Naver Webtoon）、次いで株式会社カカオ関連のアプリ（ピッコマ、KAKAO WEBTOON）を利用した経験のある人間が多いことがわかる。なお表には示していないが四位から十位までをみると、日本ではコミックシーモア、マガポケ、めちゃコミ、マンガワン、eBookJapan、マンガＢＡＮＧ！、マンガＵＰ！と日系のアプリが占める。韓国は、TOOMICS、Laftel、Boomtoon Webtoon、anyToon、RIDI、Lezhin Comics、comico、Mr. Blue と韓国系のアプリが続く。アメリカ合衆国は、日系のものが五つ、韓国系のものが二つとなる。

これらのマンガアプリは、掲載される作品によって三種類に大別することができる。ひとつは企業型で、基本的に特定の出版社が自社の作品のみをあつかうものだ。たとえば集英社による「少年ジャンプ＋」がこれに相当する。雑誌『週刊少年ジャンプ』の連載作品を中心に関連作品や電子書籍の販売などを行っている。企業型アプリでは、自社の独占作品を提供したり、他社に先がけて作品を公開・宣伝したり、人気作品を無料で大量に読めるキャンペーンを行ったりすることがある。もうひとつは総合型で、出版社の枠を超えたバラエティ豊かな作品を配信している。Naver や株式会社 Kakao が提供しているアプリやコミックシーモアはこれに相当する。最後は独立型で、先の二つにあてはまらないタイプ、たとえばそのアプリでのオリジナル作品をあつかうものなどが挙げられる。ユーザーは、自分が読みたい作品が配信されているかや、作者、出版社の好みなどによってアプリを選ぶ。なお、ここでいうマンガアプリとは、マンガ（やライトノベル）を配信するのに特化したものを指して

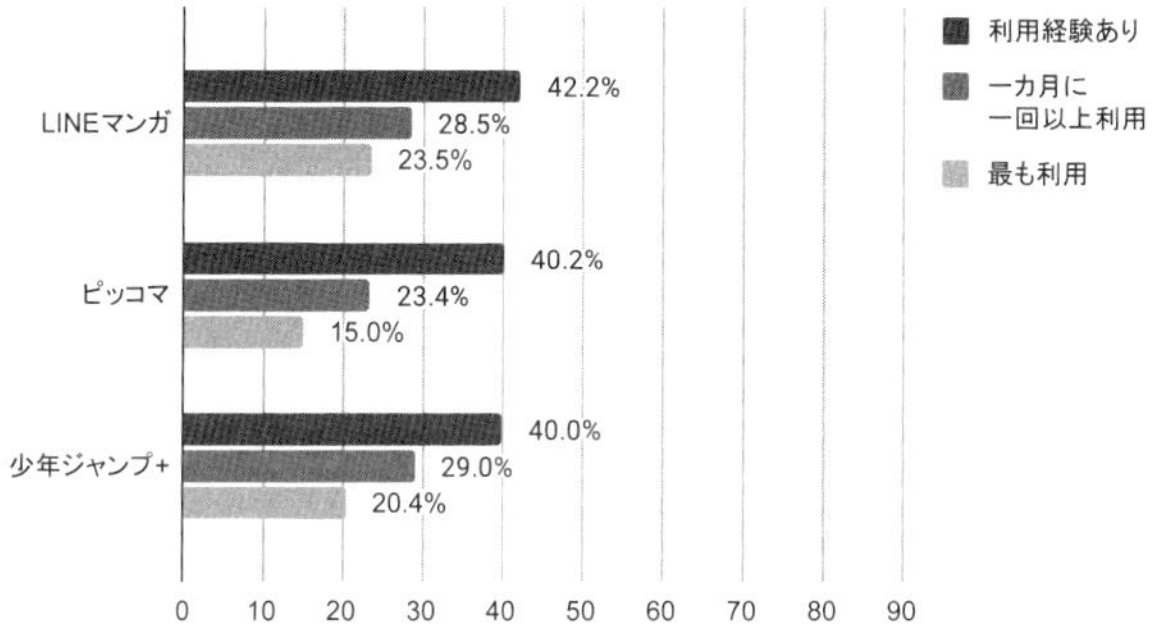

表2　日本のコミックアプリ・サービスの利用状況（n=284）（MMD研究所調べ）

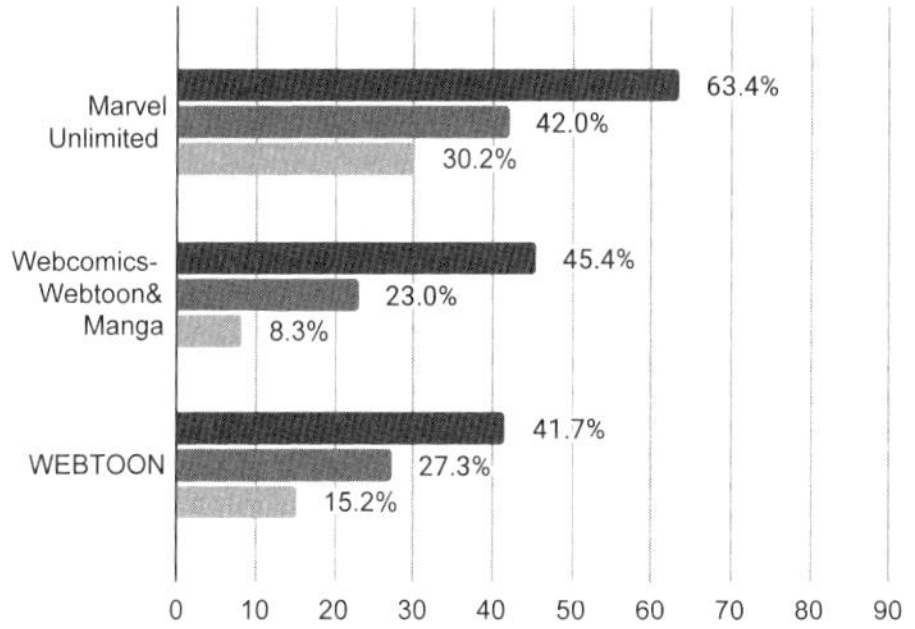

表3　アメリカのコミックアプリ・サービスの利用状況（n=292）（MMD研究所調べ）

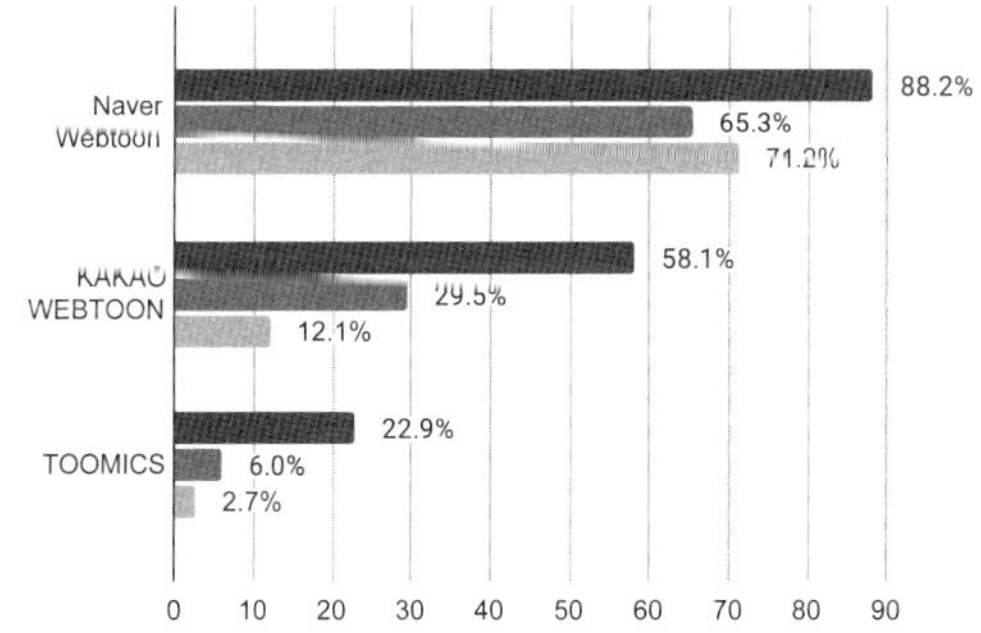

表4　韓国のコミックアプリ・サービスの利用状況（n=404）（MMD研究所調べ）

いる。Amazon の Kindle など、マンガ以外の作品も総合的にあつかう電子書籍アプリなどはこの分類に入っていない。

次に、これらのアプリを使って読まれるマンガの形式をみていこう。これはマンガを半年に一回以上読む人間を対象にしており、縦読みマンガ（Webtoon）を「ほぼ毎日〜週に一回程度」読んでいるという回答は、日本が三五・七パーセント、アメリカ合衆国が六四・六パーセント、韓国が六七・〇パーセントだった。また縦読みマンガ（Webtoon）を「半年に一回未満〜一度も見たことがない」人間は、日本が四一・七パーセントであるのに対し、アメリカ合衆国も韓国も六パーセント未満だ。三カ国の比較では、縦読みマンガ（Webtoon）をほぼ読んだことのない人間の割合は、日本が突出して高いことがわかる。従来の横読み形式では、「ほぼ毎日〜週に一回程度」読んでいる人間は、日本が六四・五パーセント、アメリカ合衆国が六三・九パーセント、韓国が三七・六パーセントとなる。またこの形式を「半年に一回未満〜一度も見たことがない」という回答者は、日本が「半年に一回未満」が六・八パーセントで、「一度も見たことがない」という回答がなかった。アメリカ合衆国の場合は「半年に一回未満〜一度も見たことがない」は三パーセント未満だ。韓国は、「半年に一回未満〜一度も見たことがない」が一九・二パーセントだった。日本ではアプリであっても六割以上が横読み形式のマンガを読んでいるのである。なおアメリカ合衆国は、縦読み形式・横読み形式を比べて両者に大きな差異はない。

ここで注目したいのは、韓国ではアプリで横読みマンガをほとんど読んだことのない人間が一九パーセント程度いることだ。つまり回答者の中には、頁単位でコマが割られて横方向に読み進むというスタイルのマンガにほぼふれたことがない人間が一定数いるのだ。Webtoonが登場する以前は、韓国においてもマンガは紙で横方向に読むものだった。しかしマンガを専門とするアプリが普及し始めて四半世紀もたたないうちに、この形式で読んだことがないマンガ読者が現れたのだ。これは、たとえマンガを読む媒体がデジタルになったとしても紙のマンガをスキャンしたり、デジタルで作画していても従来の形式に則ったタイプの作品しかなかったりした場合には起こり得なかったことである。この点からもWebtoonはそれまでになかった表現形式をマンガという分野にもたらしたといえるだろう。

2　Webtoonとスナックカルチャー

マンガの消費形態という観点から、次に「スナックカルチャー」という概念をみていこう。これは、フルコースのようなどっしりした食事ではなく、軽くつまむスナックの感覚で消費される娯楽文化を指すもので、「音楽、テレビ、ゲーム、映画、ファッション――私たちは今、キャンディやチップスを楽しむのと同じように、ポップカルチャーをむさぼり食っている。これはスナック・カルチャーであり、〔……〕とてもおいしい」(17)とされる。この概念はとくにスマートフォンなどのモバイル端末の普及とともに広まったもので、時間や空間に縛られず、気が向いたときに手軽に楽しむことができる消費スタイルや生活様式を指している。韓国の文化体育観光部は、二〇一四年度の文化芸術のトレンドのひとつとしてスナックカルチャーを挙げ、一〇分から一五分程度で観られるウェブの映像コンテンツなどが人気を博していることを指摘している。[18] なお現在TikTokでの動画の長さは一五秒〜三〇秒が人気で、短さを好む傾向はこの十年で世界的に高まっているといえる。

Webtoonはこのスナックカルチャーのひとつだといわれている。韓国の文化を広報するポータルサイトでは、登校中の生徒たちがスマートフォンでWebtoonをチェックしたり、「サラリーマンの苦労と人の哀楽を描いたウェブ・トゥーンが爆発的な人気を集め、サラリーマンの通勤時間の『スナック・カルチャー』(短時間で手軽に文化を楽しむ新たなトレンド)となった」りしているさまが指摘されている[19](二〇一四年)。さらにフリットジャパン株式会社は、株式会社カカオピッコマとWebtoonの翻訳業務における契約を結んだことを報じるなかで、「株式会社カカオピッコマは、昨年二〇二〇年七月から現在まで、スナックカルチャーコンテンツプラットフォーム『ピッコマ』がマンガアプリで国内・グローバル共に一位を獲得するなど急成長中のＩＴ企業です[20]」と紹介している。したがって、Webtoonをスナックカルチャーの一環だとするのは、ある程度市民権を得ている見方だということができるだろう。

ただし先ほどの見解とは反対に、Webtoonはスナックカルチャーではないとする意見もある。これは、Webtoonのコンテンツは読み捨てられるだけの消耗品にすぎず、深い内容を表現することはできないという風潮に対する反論という面が大きいと考えられる。スナックカルチャーという語には、いい意味でも悪い意味でも「軽さ」がつきまとう。そして短い時間で読めるということは、複雑だったり難解なストーリーを展開しにくいということにつながりやすい。また急成長した分野であり日々大量の作品が生産されているため、似たような話が多いという点は否めない。さらに一話ごとの単価は当然単行本としてまとめられた場合よりも安いということが、高い料金を支払って深く味わうのではなく安価なスナックをつまむようにその場で簡単に消費することを連想させる。ほかにもさまざまな要因はあるが、このような点をもってWebtoonはたんなる時間つぶしにしかならないとみる向きがあるのだ。そして「Webtoonはスナックカルチャーではない」という反論は、こういったとらえ方に対して否を唱えるものである。

これら二つの意見が、スナックカルチャーという語をめぐって一見対立しているようにみえる。しかし、その理解はWebtoonの本質を論じるものではないだろう。なぜなら、たしかに先ほど挙げたような要素はWebtoonを大量消費されるだけのうすっぺらい読み物でしかないと揶揄しているように受けとられるかもしれないが、その実消費の動向を指しているにすぎないからだ。作品のジャンルという面からこの点についてみてみよう。初期のWebtoonは新聞マンガやエッセイマンガだったと書いたが、現在はヒューマン・ドラマやロマンス・ファンタジー、アクション・ファンタジーが多くを占める。ヒューマン・ドラマは現実世界が舞台で、激しい愛憎関係が土軸になりやすい。ロマンス・ファンタジーは恋愛を中心としたストーリーで、異世界に転生したり転移したり、あるいは時間を巻き戻して人生をやり直すものが多い。アクション・ファンタジーは主人公と敵のバトルがメインだが、舞台が異世界だったり時間を巻き戻して未来を修正したり、現実世界にダンジョンなどのかたちで異世界が侵食してくるというファンタジー要素が入ったりする。さらにどのジャンルでも、不遇の立場にある主人公が、成り上がりながら自分を見下していた相手に復讐を遂げるというパターンが散見される。

こういったジャンルが人気があるということで、作り手は売れ筋に類似した作品を求められがちになる。結果として、似たような内容の作品が増産され、手軽に消費されていくという流れはあるだろう。しかし当然ながら、それがWebtoonという表現形式の限界というわけではない。販売戦略としてスナックカルチャー的に享受することができる方針がとられているのであり、上述以外のタイプの作品が存在しないわけでも、創作できないわけでもない。つまりWebtoonがスナックカルチャーかという問いは、現在この分野がどのようなトレンドに乗り、どのような消費形態を選択しているのかを指すものであり、この分野のポテンシャルを示すものではないのである。株式会社レッドセブンの代表取締役であるイ・ヒョンソクはWebtoonに関するインタビューで、スナックカルチャーという語は「売り方・買い方の話だと僕は思っています。日本のマンガは単行本単位で一冊数百円で売っている、ウェブトゥーンは一話数十円でより気軽に読める。それだけの話で、中身のレベルが高い低いというニュアンスで言っているのではないと見ています[21]」と話している。つまりWebtoonというジャンルや作品のクオリティは、スナックカルチャーであるというカテゴライズとは異なるものであり、これらを同一線上で論じるのはまちがっていると指摘しているのである。

新しく出てきたポピュラーカルチャーが蔑視されたり社会的に不適切なものだとみなされるのは、よくあることだともいえる。たとえば明治期に台頭した文学というジャンルは、「女性と子供のために書かれたもの」であり、「大人の男性が読むようなものではなかった」のである[22]。日本の啓蒙思想家で教育者の中村敬宇（正直）は「小説ヲ蔵スル四害」で、小説を読む者は立派な人間ではない、女性で小説を好む者には醜聞が多い、小説を読むと病気になるなどと書いている。中村は他にも「淫書ヲ焚燬《ふんき》スルノ十法」で、世の中から小説を撲滅するための方法をこんこんと説いている[23]。また日本のマンガは、子どもの読み物でしかないだとか、さらには子どもにとって有害であるだとかいわれてきた。後者に関しては、一九五五年の悪書追放運動がわかりやすい例となるだろう。当時、子ども向けの出版物におけるエロ・グロ・暴力表現への批判が高まっていた。そして一九五五年一月二十一日に第四回青少年問題全国協議会で「青少年に有害な文化財に対する決議」が行われ、翌二十二日に時の内閣総理大臣鳩山一郎が覚せい剤と不良出版物等を絶滅させる対策を講じるべきだと発言した。

中央青少年問題協議会は一九五五年五月を「青少年育成保護月間」とし、読売新聞は「青少年を悪い出版物や映画、レコード、オモチャなどから守る運動が母親たちや関連団体の手で進められることになった」[24]と報じた。この「悪い出版物」に、エロ・グロ・暴力描写のある「悪いマンガ」も含まれていた。同年五月八日の母の日には読売新聞が「悪書五万冊ズタズタ」というタイトルで、「〝悪書追放〟にたち上がった東京母の会連合のお母さんたちは『きょうの私たちの日を意義ある仕事で……』と朝から都内一斉にリヤカーや荷車をひいて各家庭にしまいこんであるエロ本、あくどいマンガや少年少女雑誌を集めて歩いた」ことや、「そのまゝクズ屋や古本屋に売ったのではまた売りさばかれるとお母さんたちは本が運ばれるそばから切断機で刻みコマ切れにしてからクズ屋に[25]」渡したという記事を掲載した。手塚治虫の作品も悪書追放運動の対象のひとつであり、本人がＰＴＡの集会で抗弁したというエピソードが残っている。日本だけでなくアメコミも、また先に示したように韓国のマンファも、子どもに害をなすものとして撲滅運動の洗礼を受けている。

現代でも、マンガを軽侮する視線はもちろんある。雑誌『プレジデント』が年収一五〇〇万円、八〇〇万円、五〇〇万円それぞれの層の読書傾向調査を行い、「この一年間に読んで役に立った本」のランキングを作成した（二〇一二年）。結果、年収五〇〇万円の層のみマンガ作品を挙げていた（六位『ONE PIECE』）。この調査に関する対談で、書評サイト「HONZ」の代表であり元マイクロソフト社長の成毛眞は、「そもそも知的な人間は漫画なんて読まないよ。海外企業のマネジメントなんて、漫画本の表紙すら見たことないだろうねぇ[26]」と述べている。このアンケート調査の対象は勤め人であり、またそもそもビジネス誌に掲載された対談であるから、役に立った本としてエンターテインメント作品を挙げることに辛口になるのはある意味しかたのないことかもしれない。とはいえ、日本のマンガが社会からどのようにみられているかの一例にはなるだろう。そしてある作品やそのときの流行りがかならずしもその分野の限界を示すものではないというのは、これまで述べたとおりである。

Webtoonは、モバイル端末の普及とともに成長してきた分野だ。時間や場所を選ばず、また特殊な技術を必要とせずアクセスできる簡便さが売りにされてきた。だからそのコンテンツがスナックのようなかたちで消費されやすいことを否定はしない。また、マンガはそういった手ごろさと相性がいいジャンルかもしれない。だが、それがWebtoonのすべてであると考えるのは短慮にすぎる。結論をみればあたりまえのことと感じられるかもしれないが、Webtoonがスナックカルチャーという単語と結びつけられることで生じる混同がある。この点をときほぐすために、以上の考察を行ったのである。

Webtoonの特徴を、表現形式や誕生の歴史、また消費形態といった側面からみてきた。Webtoonはマンガの一ジャンルであり、たとえば「マンガ」という概念を根本から覆すような革命的なものではない。ただし、これまで連綿と続いてきた「紙の出版物をベースとした創作」というくびきから放たれた表現形式をいちはやくとり入れ発展させたという点における新規性がある。この仮説をもとに本論ではWebtoonについての考察を行い、マンガという分野におけるこの手法のこの時代における特徴といえるものがあると結論づけた。

Webtoonは、スマートフォンで読まれることを想定したマンガである。とはいえモバイル端末の最終形態がスマートフォンであるとも、またデジタル端末で読まれる表現形式はWebtoonが最適であるとも考えられない。むしろ、二十一世紀になってブロードバンド回線やスマートフォンが普及しこの表現形式が広まったように、デバイスも表現形式も変容していくだろう。本論ではふれなかったが、Webtoonはライトノベルやアニメ、映画、ドラマ、ゲーム等とのメディアミックスがさかんに行われている。これはWebtoonのビジネスとしての側面にも深く関わることであり、商業的にいかに生き残るかという課題に関わってくる。このようにさまざまな可能性をはらんだWebtoonが、今後どのように展開していくのかを追跡し分析していくことは、マンガという分野の展開を考察するうえで当面の魅力的な課題であるだろう。

注

（1） 内閣府『クールジャパン戦略』最終閲覧日二〇二四年九月三日、https://www.cao.go.jp/cool_japan/about/pdf/190903_cjstrategy.pdf。
（2） 小野耕世『アメリカン・コミックス大全』晶文社、二〇〇五年、一二頁。
（3） McCloud, Scott. "Understanding Comics." William Morrow Paperbacks, 1994. p. 9.
（4） Schodt, Frederik L.. "Dreamland Japan: Writings on Modern Manga," Stone Bridge Press, 1996. p. 14.
（5） 桐谷圭介「情報社会実現に向けた韓国政府の取り組み」ＮＴＴ技術ジャーナル、二〇〇四年、最終閲覧日二〇

二四年六月二十二日、https://journal.ntt.co.jp/backnumber2/0401/files/jn200401070.pdf。

（6）　遊間和子「ブロードバンドで日本を凌駕する韓国」国際社会経済研究所、二〇〇四年、最終閲覧日二〇二四年六月二十二日、https://www.i-ise.com/jp/lecture/lect_2001.pdf。

（7）　総務省『平成十三年「通信利用動向調査」の結果』二〇〇二年、最終閲覧日二〇二四年七月五日、https://www.soumu.go.jp/johotsusintokei/statistics/data/020521_1.pdf。

（8）　チョン・ガンアム「国内ＰＣ房、昨年末まで二万カ所突破」東亜日報、二〇〇一年、最終閲覧日二〇二四年七月五日、https://www.donga.com/jp/article/all/20010306/211677/1。

（9）　辛在卿「韓国のインターネット現状――The Present State of Internet about Korea」『経営情報学会　全国研究発表大会要旨集』二〇〇二f（0）、二〇〇二年、七〇頁。

（10）　梁慧琳「韓国における漫画教育の現状と展望――青江文化産業大学の例を中心に」『なぜ学校でマンガを教えるのか？（大手前大学比較文化研究叢書　一五）』小林宜之、石毛弓編、水声社、二〇一九年、九七頁。

（11）　荒木由起子「（経済潮流）韓国の通貨危機」『安田総研クォータリー（通号23）1998.01』安田総合研究所編、安田総合研究所、一九九八年、五六―五九頁、最終閲覧日二〇二四年五月二十八日、https://dl.ndl.go.jp/view/prepareDownload?itemId=info%3Andljp%2Fpid%2F8794206&contentNo=1。

（12）　飯田一史、宣政佑、イ・ヒョンソク「『韓国の漫画事情』を理解するなら絶対に知っておかないといけない『漫画房』『貸本所』『貸与店』の違い」マネー現代、二〇二四年、最終閲覧日二〇二四年九月二十二日、https://gendai.media/articles/-/122371?imp=0。

（13）　梁慧琳「韓国における漫画教育の現状と展望――青江文化産業大学の例を中心に」『なぜ学校でマンガを教えるのか？（大手前大学比較文化研究叢書　一五）』小林宜之、石毛弓編、水声社、二〇一九年、九四頁。

（14）　Jin, Dal Yong. "Understanding Korean Webtoon Culture: Transmedia Storytelling, Digital Platforms, and Genres." Harvard University Asia Center, 2022, p. 30.

（15）　Hong, Nan Ji & Lee, Jong Beom. "Webtoon School: Everything you need to know about webtoon creation and story writing." Poppypub, 2022, p. 22.

（16）　ＭＭＤ研究所「日米韓三ヶ国比較――マンガ・WEBTOON・アニメに関する動向調査　マンガアプリ・WEBTOON編」MMDLabo株式会社、二〇二三年、最終閲覧日二〇二四年五月二十八日、https://mmdlabo.jp/investigation/detail_2251.html。
（17）　Miller, Nancy. 'Manifesto for a New Age.' "Wired, March 1." 二〇〇七年、最終閲覧日二〇二四年八月二十五日、https://www.wired.com/2007/03/snackminifesto/。
（18）　パク・チャンウン「[Cover Story] スナックカルチャー・ヒストリーテリングなど二〇一四年文化芸術十大トレンド――Culture 10 Keyword 2014」『Citylife 第四一二号』毎日経済新聞、二〇一四年、最終閲覧日二〇二四年九月十七日、https://www.mk.co.kr/news/culture/5895377。
（19）　イ・ジョンロク&イ・スンア「Kトゥーンの速度と技術力に世界が注目」コリアネット、二〇一四年、最終閲覧日二〇二四年七月五日、https://japanese.korea.net/NewsFocus/Culture/view?articleId=120305。
（20）　フリットジャパン株式会社「Flitto、株式会社カカオピッコマとWebtoon翻訳事業を開始」二〇二二年、最終閲覧日二〇二四年八月三日、https://prtimes.jp/main/html/rd/p/000000018.000028944.html。
（21）　飯田一史「韓国から到来したエンタメの新風――日本におけるウェブトゥーンの『歴史とこれから』」マネー現代、二〇二二年、最終閲覧日二〇二四年六月二十二日、https://gendai.media/articles/-/96675?imp=0。
（22）　キーン、ドナルド『日本文学は世界のかけ橋』たちばな出版、二〇〇三年、一六頁。
（23）　柳田泉「明治新政府文藝政策の一端」『明治文學全集　明治開化期文學集（一）』假名垣魯文篇、一九六六年、四〇四―四〇五頁。
（24）　「きょうから〝悪い本〟追放運動」『読売新聞』全国版、一九五五年五月一日朝刊、七面。
（25）　「悪書五万冊ズタズタ」『読売新聞』全国版、一九五五年五月八日夕刊、三面。
（26）　土井英司&成毛眞「ファンタジーに逃げる〝下流〟の人々――「年収別」心底、役立った一冊、ゴミ箱行きの一冊」『PRESIDENT』二〇一二年四月三十日号二〇一二年、最終閲覧日二〇二四年四月二十二日、https://president.jp/articles/-/9833。

［全体討議］

異文化体験から得たもの

［司会］
石毛弓
［登壇］
谷村要
ヴィニットポン ルジラット
スティービー・スアン
ニコル・クーリッジ・ルマニエール
森下章司

司会　これから、本シンポジウムの全体討議を開催いたします。みなさまから忌憚のないご意見をいただければと思います。さて、このたびお集まりいただいたみなさまの共通点の一つが、自国以外の文化に強く惹かれて、アプローチをしている点ではないかと思います。ただ好きというだけでは一人のファンにすぎませんが、みなさまはそれを研究するところまで持っていかれたわけです。最初にその動機やきっかけを、異文化体験と絡めてお聞きできればと思います。谷村先生から順番に、お話しいただけますでしょうか。

谷村　私は異文化研究といっても、基本的に日本を研究の対象としています。いわゆる「オタク」と呼ばれる人たちの研究をしているのですが、二〇〇〇年代の中頃まで、いわゆる「オタク」というと内向的なイメージが強くありました。しかし動画共有サイトYouTubeが登場して以降、そのような内向的だと考えられていた「オタク」たちが、オタク趣味を通じて外へ出て行くということが起こりはじめました。私はそこに関心を持ち、最初に研究対象としたのは動画投稿サイトで「踊ってみた」をしている人たちでした。公共空間の中にオタク的な市民が進出して行くという現象はその後も続いたわけですが、彼らがどういう思いでそこに関わってきているのか、どうしてもオタク趣味というのは偏見を持たれる中で、「オタク」たちは偏見を脱するためにどういった活動をしているのか、そうした問題意識で色々調べ始めました。すると、地域住民と「オタク」たちとの間の、ある種の異文化の出会いの中で様々な「化学反応」が起こっていくことがわかり、そこに大変強く惹かれたというわけです。今では学生たちと一緒に、地方活性化の側面からも、地域に様々に関わりながら活動しています。

ルジラット　二〇〇六年のタイでは、ご存知の通りとても激しい政治上の対立が起きていました。派閥が色で表されていて、タクシン派の赤色、反タクシン派の黄色、最近はオレンジ色もあります。

そんな中、何の政治的な派閥にも所属していない自分は、今でも居場所がありません。どっちもいいところはある、悪いところもある、ということを言うと批判されて、自分の国に居場所がないんです。だから日本に来て、コミックマーケットのようなところで誰もが自由に表現しているのを見た時、すごいと思いました。それで研究を始めました。奨学金を受けていた時には、まだ日本では地上デジタル放送が始まっておらず、「地デジ」によって今後視聴者がすごく増えるのではないかと期待しながら研究計画書を書いていました。結局、そうはなりませんでしたが。コミックマーケットでスタッフをやるようになって、その後はニコニコ動画の歌い手に関する研究をおこない、最近は、インフルエンサーの研究をしています。自由に創作するということについて、今でも研究と経験を続けています。

スアン　僕はスリランカで生まれました。父はスリランカ人で、祖母はシンハラ人ですが、祖父は中国人です。スリランカで育ったのは限られた時期でしたが、大きなインパクトがありました。生まれてからすぐニューヨークに引っ越して、小学校一年の時にまたスリランカに戻りました。二年生以降はもう一度ニューヨークに移住し、ずっとそこで育ちました。ニューヨークに住んでいた時は、「ここは完全に自分の居場所ではない」と思っていたし、祖父はスリランカへの移民で、父はニューヨークへの移民、今では僕が日本への移民なので、三代にわたる移民ということになります。だから、僕にとっては全ての文化が「異文化」です。

僕の研究テーマは「文化はどのように交流しているか」で、文化がどのように色々なところに伝わるのか、外国の文化を地域の人たちはどのように捉えているのか、そうしたことに非常に興味があります。

僕たちは気づかずに見ていますが、メディアには、実は色々なルールがあります。僕は今はアニメの研究をしていますが、その前は能を研究していました。能にはすごく厳しい「型」があります。一ミリでも外れたらアウトです。そういう決まったルールがあることによって、すごく自由になるのではないかと思います。なぜなら、ルールを守っていれば誰でも加わることができて、平等だからです。アニメも、同じではないですが、色々な約束事があります。そんな側面から、世界中の色々な文化交流の研究を続けています。

ルマニエール　私はもともと子供の頃から土が好きで、いつも地面を掘っていました。考古学者になりたかったので、大学に行って考古学や、化学を学びましたが、修士の時に、縄文のことが好きになり、特に土器の造形面への関心を持ちました。考古学では文化的資料の造形に注目し過ぎるのは良くない、造形のことに関心があるなら美術ではないですか、と言われました。悩んでいる時に、ちょうどハーバード大学に客員教授としていらっしゃった辻惟雄先生が、「かざり」から日本美術を読み解く講座を開かれていて、私は運良く聴講することができました。日本の美術は一八七二年からで、その前には美術という定義はなかった、それでは、春画は美術ではないのか、そんなことを考え直させるものでしたが、私は美術の中で焼き物や陶磁器の立場はどこにあるのだろう、と考えていたので、

「かざり」という切り口はすごく面白かったです。辻先生とは後で「かざり」展をやりましたが。やっぱり博士論文は陶磁器について書くことにしました。

ところで、面白いことに考古学者はたいていマンガを熱心に読んでいます。有田ではとにかく考古学者の誰もが読んでいて、マンガの話を延々としていました。私もマンガはすごく好きだったので、マンガの産業を分析してみると、何だか陶磁器の産業とよく似ていることがわかりました。私の夢は陶磁器とマンガをテーマにした展覧会やプロジェクトをやることです。焼き物の家元制度のことや、マンガのネームと焼き物の類似などにも興味があります。

日本の土偶は立体的な力があって素晴らしいですが、人間をかたどった焼き物は、中近東やヨーロッパにもあります。日本独特の表現を世界の様々な表現と比較するとすごく面白いと思っています。かなり前に長野県の茅野市に行きました。大英博物館が企画した展示のために「仮面の女神」の土偶と「縄文のヴィーナス」の土偶をお借りしに行ったのですが、市長は、「私たちの二人の娘を大英博物館に行かせたいと思います」とおっしゃっていました。土偶が愛情やアイデンティティと結びついていることがすごく面白いと思いました。ますます土偶について関心が高まりました。

司会　森下先生にもお話をうかがえるでしょうか。森下章司先生は、大手前大学国際日本学部および大学院比較文化研究科にご所属で、考古学がご専門です。また大手前大学史学研究所の所長も務めておられます。史学研究所は、兵庫県地域の歴史・文化財に関する研究を行うことを目的として作られたものです。おなじ大手前大学にある二つの研究所として、なにかコラボレーションができないかと考え、今回この座談会にお越しいただきました。

森下　スアン先生がおっしゃった「自由」という言葉に関連してですが、私は考古学者として専門的な教育を受けてきたので、やはり、考古学的資料はこういう風にしか見てはいけないといった縛りをいまだに強く感じています。でも、決してそればかりではなく、色々な見方や研究方法があり、一番大事なものは「自由」なのではないかと思いました。ルマニエール先生が所属されているセインズベリー日本藝術研究所が土偶展を開いた時に、土偶をデザインしたトートバッグが作られました。ものすごく斬新なデザインで、日本では生み出せなかったものだろうと思います。アイデンティティの話からは逸れてしまうかもしれませんが、これも一つの異文化交流のあり方だろうと思いました。

司会　みなさま、ありがとうございました。

大手前大学にはマンガやアニメを学ぶコースがあり、所属する学生たちは確かにみんなマンガが好きなのですが、日本のコンテンツの影響力が強すぎるためか、日本のマンガ、日本のアニメしか見ていないという人が多く、残念に思っています。また日本の作家が作ったものであっても、いわゆる「アート系」と言われるようなもの、たとえばインディペンデント・アニメーションなどは、難しすぎてわからないと敬遠する傾向があります。「内」だけではなく、自国以外の文化を知るべきですし、客観的な視点を持った上で自分の国の文化に接して欲しいと思っているのですが、単に教員がそれを、「やれ」と言ってもなかなか行動に移さないしそもそも身につかないと思うんです（笑）。学生が「外」に目を向けるきっかけやモチベーションを上げる方法を探しています。それで、先ほどみなさまにも研究対象に興味を持ったきっかけをお聞きしました。この点につきまして、何かご意見や、ヒントを教えていただけないでしょうか。

スアン　アニメとマンガを専攻している学生にとどまらず、様々な分野で、日本だけでなく海外もそうだと思いますが、視野の狭い学生が多いことが問題になっていると思います。アニメの世界から言いますと、クラシックな評価の高いアニメ、例えば『エヴァンゲリオン』や、宮崎駿の作品、『AKIRA』、『攻殻機動隊』などは、すべてアニメだけではない色々なジャンルの作品を引用し、参考にしています。『エヴァンゲリオン』は一番わかりやすい例で、SF映画『二〇〇一年宇宙の旅』や、キリスト教、ユダヤ教の影響がありますし、作中の「人類補完計画」はイギリスやアメリカのSF小説から取られています。もちろん日本のロボットアニメの系譜も非常に細かく取り入れているのですが、それだけではなく、色々な国の、色々な作品から引用して『エヴァンゲリオン』は産み出されたのです。アニメの力は、このように引用しながら新しいものを作るというところにあります。スタイルと形式の面ではアニメはある程度保守的ですが、インスピレーション、物語内容、映像や動き、テーマの面では、良いアニメは必ず、国内のアニメ作品だけではなく、海外の様々なジャンルの作品を参考にしながら作られるはずだと考えています。

司会　確かにその通りです。私も学生にアニメやマンガ作品の元ネタを調べることを勧めています。点と点が結ばれて線や面になる楽しさを知ってもらえたらと思っています。

ルマニエール　私の経験として、イギリスでも日本でも、経済的な面で難しいかもしれませんが、大学が海外の「見学」を企画することがすごく大事だと思います。皆と一緒に行って、安いところに泊まって、話をしながら、海外の文化を体験する。そうすることで、自分自身のことも発見できる。理想的なのは、自分の分野と関係のないところにも行ってみることではないでしょうか。

ルジラット　私が教えているのは、日本のポップカルチャー、大衆文化論です。最初、学生たちは「なぜ日本のポップカルチャーを外国人の先生が教えるのか」と疑問に思っていましたが、授業の最後のコメントでは、「先生の視点は面白い」、「海外からの視点がわかった」ということを書いてくれました。昨年の授業では学生に『推しの子』第一話を見てもらい、その後日本と海外のファンの「反応」をまとめた動画を見てもらいました。すると、日本と海外で反応の内容が全く違うことがわかりました。同じものを見ても、日本の視聴者の反応、海外の視聴者の反応、そしてそれを見て学生が考えること、どれも完全に違っています。そうすると、学生の皆さんも海外のことをもっと知りたいという気持ちになり、授業でも海外の文化の内容をたくさん入れました。そのようにして、視点が広がっていくのかなと思います。

司会　デジタルツールによるコミュニケーションの広がりは大変興味深いところです。森下先生にお聞きしたいのですが、大手前大学史学研究所には素晴らしい機器や、学生も使えるスペースが用意されているのに、なかなか学生が積極的に利用しようとしない現状があると聞きました。どのようにお考えでしょうか。

森下　史学研究所には授業とは別に研究に使える施設がありますが、学生になかなか利用してもらえません。研究所の売りとして、レーザー三次元計測が専門の先生がいらっしゃいまして、ものをレーザーで計測して三次元で形状を捉え、三次元モデルを表示したり、三次元プリントしたりできます。これは、大英博物館に展示されている古墳時代の「巫女型埴輪」の三次元プリントです。若い人も関心を持ってくれるのではないかなと思っていたのですが、あまり利用されていない現状があります。今日のお話を聞いてつくづく感じたのは、若い人たちにはアニメなどの「動くもの」が当たり前で、三次元プリントを見てもあまりインパクトがないのではないでしょうか。ただ、話は戻りますが、ルジラット先生がおっしゃったように、体験することが大事だと思います。先日、大英博物館に所蔵されている日本の考古資料が調査される機会があり、私も参加したのですが、日本の資料が海外の方々の手で調査されることは、国内で資料を調査することとはまた異なる価値を持っていると、身をもってわかりました。学生に限らず、体験が一つのキーワードかと思います。

ルマニエール　経済的な問題もあるかと思いますが、学生には、できるだけ海外で、自国の文化と離れて何かを体験して欲しいです。日本人は大英博物館にたくさん来るのですが、日本の常設展は見てくれないのです。日本のものは日本にたくさんあるから見る必要がない、これは分かりますが、海外でどういう風に自分の国が見られているのかを知る機会でもあるはずです。この常設展は、いいかどうかは別にして、日本ではまずあり得ないので。

私が英訳した辻惟雄先生の『日本美術の歴史』によると、面白いことに、日本人に教えられる日本美術史と、海外で教えられる日本美術史には、ズレがあるそうなんです。海外で自国の文化を経験することで考え直すことができ、刺激になるのではないかと思います。

司会　現代の日本の学生はコロナ禍以前から「内向き」志向にあり、海外留学者数が減っていると文科省の調査で示されています。それも含めて、いまいるところとは異なる文化の体験へのうながしを進めていきたいと思っています。本日は、異文化体験や「自分の居場所」ということに注目してお話いただき、実際に異文化を体験することが、自分だけでなく他人のモチベーションを高めることに繋がるとお話しいただきました。ぜひ、本学においても学生へのアプローチとして活かしていきたいと思います。貴重なお話をいただき、本日はどうもありがとうございました。

編者／執筆者について——

石毛弓（いしげゆみ）　一九七〇年生まれ。大手前大学現代社会学部教授。博士（哲学）。専攻、西洋哲学。主な著書に、『マンガがひもとく未来と環境』（清水弘文堂、二〇一一年）などがある。

＊

谷村要（たにむらかなめ）　一九七八年生まれ。大手前大学現代社会学部教授。博士（社会学）。専攻、情報社会学、ポップカルチャー研究。主な著書に、『コロナ時代の仕事・家族・コミュニティ　兵庫県民の声からみるウィズ／ポストコロナ社会の展望』（鳥越皓之・足立重和との共編著、ミネルヴァ書房、二〇二二年）などがある。

ヴィニットポン ルジラット（Vinitphol Rujirat）　一九八三年生まれ。青山学院大学総合文化政策学部助教。博士（学際情報学）。専攻、ポピュラーカルチャー研究、日本文化研究、ソーシャルメディア研究。主な著書に、『ジャパニーズ・ポップカルチャーのマーケティング戦略』（共著、千倉書房、二〇二二年）などがある。

スティービー・スアン（Stevie Suan）　一九八五年生まれ。法政大学グローバル教養学部准教授。専攻、アニメ研究、パフォーマンス論。主な著書に、*Anime's Identity: Performativity and Form Beyond Japan* (University of Minnesota Press, 2021) などがある。

ニコル・クーリッジ・ルマニエール（Nicole Coolidge Rousmaniere）　一九六一年生まれ。セインズベリー日本藝術研究所研究担当所長、イースト・アングリア大学教授。専攻、日本の陶芸史・工芸史。主な著書に、『人類三千年の幸福論　ニコル・クーリッジ・ルマニエールとの対話』（ヤマザキマリとの共著、集英社、二〇二三年）などがある。

装幀——宗利淳一

大手前大学比較文化研究叢書20

ポップカルチャーからみた日本

二〇二五年三月一五日第一版第一刷印刷　二〇二五年三月三一日第一版第一刷発行

編者――石毛弓

執筆者――谷村要＋ヴィニットポン ルジラット＋スティービー・スアン＋ニコル・クーリッジ・ルマニエール

発行者――鈴木宏

発行所――株式会社水声社

東京都文京区小石川二―七―五　郵便番号一一二―〇〇〇二

電話〇三―三八一八―六〇四〇　FAX〇三―三八一八―二四三七

［編集部］横浜市港北区新吉田東一―七七―一七　郵便番号二二三―〇〇五八

電話〇四五―七一七―五三五六　FAX〇四五―七一七―五三五七

郵便振替〇〇一八〇―四―六五四一〇〇

URL : http://www.suiseisha.net

印刷・製本――精興社

ISBN978-4-8010-0852-6

大手前大学比較文化研究叢書

日仏アニメーションの文化論　石毛弓＋大島浩英＋小林宣之編／二八〇〇円＋税

明治初期洋画家の留学とフランスのジャポニスム　小林宣之編／二八〇〇円＋税

なぜ学校でマンガを教えるのか？　石毛弓＋小林宣之編／二八〇〇円＋税

占領期の都市空間を考える　小林宣之＋玉田浩之編／二五〇〇円＋税

コロナ禍と体験型イベント　石毛弓編／二八〇〇円＋税

コンテンツツーリズムと文化遺産　石毛弓＋谷村要編／二八〇〇円＋税

コーヒー・カフェ文化と阪神間　海老良平編／二八〇〇円＋税